U0600470

高能文案

用超级带货力为产品赋能

韩老白/著

北京联合出版公司
Beijing United Publishing Co.,Ltd.

图书在版编目（CIP）数据

高能文案 / 韩老白著 . -- 北京 : 北京联合出版公司 , 2020.10（2020.10重印）
ISBN 978-7-5596-3828-1

Ⅰ . ①高… Ⅱ . ①韩… Ⅲ . ①汉语 - 应用文 - 写作 Ⅳ . ① H152.3

中国版本图书馆 CIP 数据核字 (2020) 第 151419 号

高能文案

作　　者：韩老白
出 品 人：赵红仕
责任编辑：夏应鹏
封面设计：红杉林

北京联合出版公司出版
（北京市西城区德外大街 83 号楼 9 层 100088）
北京时代华语国际传媒股份有限公司发行
唐山富达印务有限公司印刷　新华书店经销
字数120千字　880毫米 × 1230毫米　1/32　7.75印张
2020年10月第1版　2020年10月第2次印刷
ISBN 978-7-5596-3828-1
定价：46.00元

各方赞誉

会舞文弄墨的人很多，但其中不少人只会埋头写作。本书将热爱写作的人引入市场，写人们需要的文案，写能变现的文案。韩老白在新媒体写作领域坚持多年，此书则反复修改两年，她的思考能得到业内人士的认同，非常难得，特推荐《高能文案》。

韩老白的父亲韩玉洪

中国作协定点深入生活项目作家，湖北省长篇小说重点项目主创作家

这就是把“滞销”转变为“热卖”的最强文案，只要学会本书中提到的技能，你写的“文案”一定可以转化成“钱”！

山口拓朗

日本百万级畅销书作家，SuperWriter 国际商业写作课国际导师

韩老白靠写文案写出了一片天空，这一路我是看着她努力过来的，特别拼。本书最大的特点是有自己的写作方法论，想学习文案的朋友很值得参考。

秋叶

秋叶 PPT 创始人

韩老白的文案是有“杀手”气质的，同时她也是 DISC 国际双证班社群的联合创始人，她的方法让 4000 多毕业生惊叹，相信

你也能开卷有益。

李海峰

DISC 双证班社群联合创始人

所有的成功背后，都有不为人知的勤奋，我们目睹了韩老白的努力，也见证了她的成功。作为知识管理研究者，我想特别指出的是，想要从一本文案指导书中拥有更大的收获，最重要的一点是：练习，坚持不懈地练习。只有如此，你才能把书中的知识转化为自己的技能。

萧秋水

知识管理专家

文案不仅仅只是文字，好文案的背后，深藏着一整套知识系统。这套系统会让你懂得如何找到商品卖点，如何让用户只购买你的商品而不是别人家的。相信老白这本书，能帮你构建这套系统。

叶小鱼

《文案变现》作者

好的文案绝对不是文案人的“自嗨”，而是通过情绪的调频和传递，实现品牌传播和销售的目的。正如国际知名传播公司的总裁查尔斯曾经说过的一句至理名言：文案，坐在打字机后面的销售专家，而韩老师这本书，就是让你成为销售专家的捷径。

周杰

简聊心理联合创始人，曾任清华大学总裁班讲师

文案不是文笔好的人的专利，这个“人人都是自媒体”的时代，文案是人人必备的沟通能力，更是卖货的一大利器。

徐悦佳

《影响力变现》作者，知名自媒体人

写作能让你表达自我，文案能让你打动人心，能让你影响他人，能让你赚到钱。跟心思细腻的老白来学习文案，一定能让你大赚特赚，成为金牌销售。

弗兰克

央视推荐畅销书《爆款写作课》作者

好的文案绝对不是文案人的“自嗨”。老白一路从小白变成专业级，她的“快准狠”和文案思维、方法和工具都在这本书里了。

彭小六

青年作家，洋葱阅读法发起人

没有不够好的文案，只有不够用心的创作者。韩老白自己的成长历程，无疑是这句话的真实写照。这个世界总会给用心的人

更多善意，特别是像韩老白这样，用心写作的人。

张小桃

独立商业咨询顾问，个人品牌定位专家，胡桃私董会创始人

写作是最好的自我投资，文案是离钱最近的文体，有销售力的文案就是印钞机，我所认识的韩老白，就是这样一个活生生的案例，“素人”变“大神”。

陈师明

富兰克林读书俱乐部创始人

人工智能时代，总得学一点技能，才不会被别人淘汰，也不会被机器淘汰。写作是个好方向；写文案更是一个好选择。怎么练就写文案的技能，从而让自己更值钱？韩老白在这本书中给你答案。

易仁永澄

幸福进化俱乐部创始人，目标管理专家

会写文案的人有很多，会教文案的却不多。韩老白是我见过为数不多的文案教学高手，按照她提供的方法、结构和工具进行练习，已经有大批学员开启了文案接单、文案变现之路。这本书是韩老白文案教学过程中的精华提炼，推荐一读！

勾俊伟

招行、中国联通等 500 强企业新媒体内训师，《新媒体运营》等系列畅销书作者

韩老白是实打实写出来、干出来的，经验丰富，干货满满！

大眼睛

资深媒体人，赋能导师

可爱的韩老白有着又狠又快的执行力，学习文案找她，你就会得到你想要的答案

雨滴

200万+粉丝自媒体达人

老白是我追随的文案写作师傅，老白文笔了得，开了“挂”一样，火箭般成长，希望也能被赋能，感谢老白把我当明星学员，希望不辜负师傅的希望，也希望开“挂”！

杜平

上财商学院EMBA宜思读书会理事长，卓弈机构董事长，新媒体学院华东分院负责人

韩老白给我们写的“清华状元好习惯特训营”招生文案，期期爆满啊。老白写的文案，能抓住读者的心，让人带着悬念，还想继续看下去。

魏华（米妈）

儿童学习力专家，实战派亲子教育专家畅销书《不急不吼，轻松养出好孩子》的作者

一个人可以做出一个团队才能做的事儿，这本书的意义也是

如此，学霸级的、最用心的文案宝典。

了了

知音杂志副总编辑，知音故事源动力学院创始人，非虚构写作践行者，金牌策划人、编剧

韩老白老师知人心，洞人性，文案情理交融。和老白学写作，成为文案高手

顾敬松

Ctt 效能教练学院创始人，效傲江湖社群创始人，ICF 国际教练联盟 PCC 教练

老白的文案如同其名字一般，简洁，高效，有杀伤力，这本书也同样有杀手般的气质，把一个小白变成老白，把一个新手变成“杀手”。

舒畅

社交电商项目创始人，操盘手，华畅东方创始人

这几年一直跟着韩老白学习，因为我所带领 300 人创业团队，致力于打造“新时代下保险创业者的三项核心能力”——指尖上的保险、舌尖上的保险、笔尖上的保险。毫无疑问，韩老白的“杀手”气质，为这支创业团队的“笔尖”赋予了超能力。

赛美

赛美火星财团发起人

这个世界上，要批量成交，只有两种方式。一是演讲，二是文案。韩老白的文案，就是让你“写出去”，把钱收回来。

汤帅

牛学霸创始人

文案是数字经济时代的必备武器。《高能文案》总结了写出好文案的思路、方法与策略，值得大家刻意学习。

Scalers

畅销书《持续行动》《刻意学习》作者

新媒体时代，写文案是人们必须具备的技能。老白从全职妈妈一路坚持到现在，她的写作经验值得大家学习和借鉴。

杨小米

畅销书《行动变现》作者

写文案，是这个时代既热门又容易上手的变现技能，掌握方法，你也可以成为文案高手。如果你还未得其法，韩老白这本书一定能帮到你。

炎公子

内容商业顾问，畅销书《能力突围》作者

从“宝妈”到文案高手，很多看起来不可能的事韩老白都做到了。如果你想成为文案高手，可以看看她走过的路。

贺嘉

CEO 演讲教练，曾负责辅导长江商学院的学员

在 VUCA 时代，如果说职场中的人需要什么必备能力，那么文案写作可算一项。向老白学写文案，能拓展自己的“写作能力树”，进而让你成为未来的职场高手。

马华兴

生涯规划导师，言职有理联合创始人

人生无处不整理。韩老白将她多年来所积累的写作经验，整理为最有诚意、最具干货的书籍，含金量满满。

精灵

生活美学家，华南首席整理咨询师

我见证了韩老白从文案“菜鸟”到顶尖高手的蜕变过程。她的文案将创意和生活结合，娓娓道来、打动人心。如果你也想通过文案改变自己的生活，相信你会从这本书中找到答案。

怀左同学

畅销书作者

推荐序
好文案就是一把带准星的枪！

秋叶商学院创始人　秋叶大叔

我身边很多朋友会问我一个问题：秋叶老师，有没有会写文案的朋友，推荐一下？

我往往苦笑地回答道：我也缺啊。

今天这个时代，流量太贵了，好不容易抢来一点流量，要赚到钱，务必在每个环节都付出120%的努力。如果你的产品文案转化率不好，就是浪费流量，就是浪费钱。

好产品不一定是印钞机，除非他还有好文案。

当然真正能成为印钞机的产品，不能只靠文案好，但文案都不好的产品，真的会损失很多成交机会。

为什么今天的文案重要性这么高？答案很简单。

一方面，消费者越来越“宅”，都在“刷”手机。另一方面，手机上的App和内容越来越多，它们都在争抢大家的注意力。在这种情况下，你的产品很可能极为随机地被“路人”发现。

在短短 3 秒钟内，你的标题和配图要抓住他的注意力。

在短短 1 分钟内，你的开场要勾引他继续阅读的欲望。

在短短 3 分钟后，你已经成功激发了他的下单热情。

只需要 3 分钟，一个“路人”就可能变成你的目标客户。这就是今天的商业生态，因此文案真的是成为销售的临门一脚，谁不重视谁吃亏。

过去的商业节奏很慢，大家可以慢慢熟悉，慢慢了解，慢慢信任，慢慢合作。今天的商业是快节奏的。大家都有点消费能力了，可以基于更多的偶然性来做出消费决策。这就要求一篇好文案，能够在短短 3 分钟里完成 5 个环节，进而帮助陌生人精准地完成需求匹配。

环节 1：抓住消费者注意。

环节 2：唤醒消费者需求。

环节 3：获取消费者信任。

环节 4：说服消费者行动。

环节 5：方便消费者成交。

我们需要能马上说服陌生人成交的文案。就好像枪战片，我们不知道对方从哪里冒出来，但只要对方冒头，我们就要一枪命中。

要想快速完成这 5 个环节，就必须对文案进行有针对性的优化，那么应该如何怎样优化呢?

韩老白的《高能文案》提供了很棒的思路。老白是我见到最勤奋的文案人，几年下来，她的团队写的文案帮助了很多人，当然其背后的“熬夜指数”也特别吓人。

韩老白的新书我第一时间拜读，写得非常好。她把写文案的方法总结成4个步骤、3个方程式、5个模板，特别好，对新手入门特别有帮助。

另外，韩老白的书针对每个环节都有很好的教学思维，不仅仅讲写出好文案的道理和方法，也讲持续练习提升的方法，这才真正能帮助很多文案新人。

虽然都说文无定法，但先从有套路的方法练习，绝对是成为文案好手的捷径，不如现在就打开这本书认真学起来。

前 言

看懂这本《高能文案》，你需要了解这些干货

01

为什么我们要学会写文案……

内容创业这个词这两年很火。李开复在《奇葩大会》的演讲中曾提到，未来 50% 的工作会被人工智能取代，例如柜台收银员、汽车司机等。不过，还是有很多行业永远不会消失。排名第一的就是以内容创业为主的工种，也即他所说的人文艺术，例如写作、编剧、绘画，这是因为人工智能没有审美；其次是娱乐行业，如电影、各类娱乐节目等，这是因为人工智能不懂幽默为何物。

另外，经济上的刺激或许更直接一些。以新媒体编辑运营为例，这个新生职务的年薪也是水涨船高。朋友圈的一个朋友，今年跳槽某公众号担任内容编辑，月薪 3 万。还有许多自由职业者通过开微课、收费群，将译书、视频翻译、学习方法、新媒体运营等内容整合，从而实现了不小的收益。

为什么要写作？李笑来老师说，想实现财富自由，必须学会写作。“将自己的同一段时间重复销售很多次”，写作是最容易实现这个目标的途径之一。这也就是说，写作永远是普通人实现成功的捷径。

因此，你还在等什么？写作是内容创业门槛最低的机会。记住，在社交媒体时代，文案 = 高收入 = 刚需！那么，写文案到底能不能给自己带来丰厚的收入呢？

偷偷告诉你，一篇 2000 字的微信公众号文案 =2 篇某平台 8000 字说书稿稿费 = 5 篇某大号鸡汤稿费 =10 篇某平台问答稿费。公众号“夜听”的头条广告费报价 80 万，已经成为自媒体“第一贵”。很多母婴大号每天至少发 3 ~ 8 条产品文案，各种详细的产品展示、神转折的文案，让妈妈们忍不住跟着号主“买，买，买”！据悉，年糕妈妈“双十一”团购就创造了 1 亿元的销售额神话！

其实，学会了写文案，说书稿、鸡汤、新闻通稿、情感故事还有什么搞不定的！ 因为写文案必须“戏精”上身，必须什么文体都会啊！

如果退回到传统媒体时代，企业可能要花重金铺渠道、抢广告位，甚至买下美国时代广场的巨幅广告。然而，如今这些投入的回报可能不如“微信生态圈”里的一篇文案，小成本操作有时候真的能帮你实现彻底的逆袭。

02

学习文案，你要弄清楚这些概念……

在《尖叫感》这本书中，作者马楠强调：文案已经没有界限了，无论是140字的微博文案，还是1万字的微信文章，它们其实都属于文案的范畴。不过，如果稍加留意，你就会发现，在微信、头条、百家等社交媒体里的文案变得越来越流行，为什么会出现这种情况呢？第一，随着“互联网＋”时代的到来，“爆品”营销思维深入人心，故宫IP大火、轻生活系列受年轻人追捧，人人都想自己的新产品一夜爆红。当大众的注意力开始转向短视频的时候，微信软文的长度正好能弥补短视频“短平快”的遗憾。长图文更能让人进入沉浸式阅读体验，从而给用户带来更丰富的购物感受。第二，大数据显示，超过500字以上的长图文，能更清楚、生动地描述产品的信息，并从情感角度打动读者对品牌的偏好。

当然，文案工作者应该多了解营销和广告方面的知识。对于大多数文案工作者而言，其文案的主要作用就是撮合“产品”和“用户”。因此，对于营销和广告方面的知识越熟练，就越能够把握文案的方向和精准度。另外，在很多时候，文案其实是营销策略或广告策略的一部分，如果文案工作者的知识结构比较完整，那么在撰写文案的时候，就可以基于协同效应来考虑文案的写法。

03

为什么要写这本《高能文案》……

写文案，不是灌鸡汤，不痛不痒客户不买账！写文案，不是“自嗨”，一堆只能感动自己的故事毫无说服力！写文案，不是掉书袋。诗词歌赋、人生哲学，看似文采斐然，用户却始终处在“云里雾里”的状态！写文案就是帮用户解决实际问题！

《文案训练手册》的作者约瑟夫·休格曼说过，文案写作者就是键盘前的销售人员。真正的文案高手，他会帮助用户梳理自己的渴望，并让这种渴望更清晰地呈现出来。我认为，一个好的文案写作者必须具备5种能力，缺一不可。

- 逻辑思维
- 爆品战略
- 文字心理学
- 设计思维
- 创新思维

我的这本《高能文案》就围绕这5种能力，围绕产品文案、自媒体文案等热点方向，全面解读文案写作技巧、底层逻辑和用户心理要素等。你只需要跟我一起学习下面的方法：

- 4个步骤：锚定、策略、说服、转化
- 3个方程式：标题方程式、传播方程式、转化率方程式
- 5个模板：海报体模板、自品牌模板、痛点体模板、故事体模板、卖点体模板

一旦你掌握了简单易懂、条理清晰、案例丰富的文案写作技法，就能让你的产品在没有店铺、没有流量、没有资源的情况下，在概念阶段就能畅销。

写文案真的那么难吗？其实一点儿也不难。从事文案工作甚至不需要多高的学历、多丰富的阅历和多伟大的创意。不过，“多元化、圈层化、娱乐化”已成互联网的大趋势，在这种大势下，文案工作者们究竟该何去何从？答案其实就在这本书里。

目录 CONTENTS

认知篇

锚定篇

策略篇

说服篇

转化篇

认知篇

- 建立判断一篇文案好与坏的思考框架。
- 了解文案工作者必须具备的职业习惯。
- 梳理文案工作的核心流程。

第一章

维度：会拆解好文案，才能写出好文案！

小测试：选出你心目中的好文案。

1. 如果你存够了一笔钱，想去买房子，哪家售楼部的文案会吸引人去光顾？

A. 崇尚自然，尊贵享受

B. 别让你的房子拖累你的孩子

2. 过年要送客户一款红酒，你觉得怎么说，客户能欣然接受？

A. 这款红酒是欧洲最好的红酒

B. 这款红酒连马云都在喝

3. 想点一份外卖，哪家门店的广告语更让你心动？

A. 孤独的人更要吃饱饭

B. 这里人山人海、菜品齐全

任何文案工作者内心中都存在一套判定文案优劣的标准，这是从事文案工作的前提。只不过有的人的标准经历过了市场检验，有的人的标准则没有。所谓经过市场检验的标准，通常基于3点来确认：

- 数据说了算，不是主观感受。
- 用户说了算，不是甲方客户。

· 效果说了算，是否品效合一。

当然，市场本身其实是处于变动之中的，这就决定了那些曾经的标准如今可能变得落伍了。现在正处于自媒体崛起的时代，互联网领域瞬息万变，因此文案的表达方式、传播机制和受众形态，消费者的决策机制，相关的市场调研方法、目标人群分类，都已经发生了改变。

互联网时代的文案有什么特点

1. 从内容为王到内容“休克”，文案的生存环境变了。随着互联网的发展，人们会承受不住眼花缭乱、铺天盖地的信息，出现“内容休克”——内容供应正在呈几何级数增长，而内容需求却增长缓慢。在这种情况下，文案工作者必须加倍努力才能保住在消费者脑中所占据的注意力。

2. 从线性传播到蜂鸣效应，文案的传播逻辑变了。新媒体时代，信息传播融合了大众传播（单向）和人际传播（双向）的特征，形成一种散布型网状传播结构，兼具两种传播方式的优势又突破了两者的局限。用户现在可以主动选择自己感兴趣的内容：打开，阅读，反馈。在这种情况下，让信息传播起来的关键在于，内容能够让人感兴趣和分享。分享与“在看”、评论或“点赞”不同，你要追寻的目标是传播内容，打造口碑，形成蜂鸣效应。

3. 从众效应到圈层化、小众化再到重聚，文案的受众形态变了。一方面，受众暴露在更加丰富的媒介信息与更加多样化的媒介终端之下，被细分成不同的群组，另一方面，受众也在利用虚拟空间与社交媒体的便利性，以生活区域相邻、生活爱好相同、生活层次相近为动力进行自发性地重聚，形成社群——精神部落。未来商业社会中，文案的受众会变得集群化、圈层化、小众化。不过，无论受众形态如何变化，文案们在锚定目标人群时候，一定要注意，应该从“捕杀猎物”转向寻求同好。

4. 从忠于品牌到选择稀缺，文案的说服策略变了。品牌在未来必须和价值观紧密绑定，而感性层面将成为决定文案生死的关键环节。

5. 从价格敏感到市场红利，文案的营销模式变了。随着消费者收入水平的提升，急剧催生出一批中产阶层，他们最关心的不再是价格，而是产品是否能提升自己的身份感、地位感。于是，轻奢、极简、浪漫、天然等元素逐渐代替了便宜、实惠、低价等词汇。

如果你看待文案受众时，仍遵循全职妈妈、大学生、中产、65岁银发族这样笼统的划分方法，那你写的文案，有九成的可能非

常平庸。如果面对产品特色，你仍然按照材料、品质、服务、质检、价格等要素去收集信息，那你写出来的文案极有可能非常模糊，就像测试题中“人山人海、菜品齐全”“崇尚自然，尊贵享受”的表述一样。你能猜到这些文案到底针对什么产品吗？它们是万能的、合格的文案，但绝对不是一则好文案。

不过，正如美国“最顶尖的文案人”罗伯特·布莱所说，互联网并没有改变人性。消费者也不会因为广告信息是从网络上来的，就改变消费的心理模式。所谓的“互联网文案”，并不是对传统文案的颠覆。人类的本质是不会变的。从大部分角度来看，现代人跟“凯撒大帝时代”的人并没有什么两样，其基本的心理学原则依然牢靠，因此，你不用将所学过的心理学原则全部打破、重新建立。接下来，让我们来看一看那些始终未被市场淘汰的经典文案。

戴比尔斯公司：“钻石恒久远，一颗永留传。”

大众甲壳虫：“想想还是小的好。”

劳斯莱斯：“在时速 100 公里时，这辆新款劳斯莱斯汽车上的最大噪声来自它的电子钟。”

三叶钢琴：“学琴的孩子不会变坏。”

王老吉：“怕上火，喝王老吉。”

长城葡萄酒：“3 毫米的旅程，一颗好葡萄要走 10 年。”

iPod 官方宣传口号：“把 1000 首歌装进口袋里。”

这些广告词被人们奉为神作，你有分析过它们的共同特点吗？任何想学习文案写作的人都应该明白，文案并不是简单的文字游戏。如果想持续进步，你就必须懂得如何拆解那些优秀的文案，进而发现其力量之源。

日本资深广告人川上徹也认为，优秀文案通常遵循 3 个核心标准：1. 让对方认为与自己有关；2. 使用强劲有力的字句；3. 让对方心中产生疑问。根据自身的经验，并结合社交媒体时代的新特点，笔者对此进行了延伸，提出了拆解文案的 4 个维度。

关联度：与“我”相关、与产品相关

文案不仅仅为了直接卖产品，而是要与消费者建立起一种关系，可以是利益关系，也可能是情感维系。一则好文案，能通过文字描述，让人们清晰地意识到亲朋好友们的需求。一般情况下，文案作者可以通过询问自己几个问题来测试该维度。

- **用户群体是否明确：**文案能不能让人们明确地想到某个具体的消费人群，甚至眼前可以直接浮现他们的样貌？
- **卖点是否明确：**是否清楚描述了产品的使用价值和预期价值？
- **是否能引发联想：**是否能够促使人们沉浸于各种使用场景的幻想中？

芝加哥大学社会学博士吉姆·柯明斯研究发现，语言文字会唤醒人们的记忆画面以及伴随这些画面的情感，且在这个过程中人们会不自觉地产生微笑或扮鬼脸等肢体行为。肢体行为反过来又会强化情绪体验，从而使联想具备双向强化的效果。显然，联想式思维产生的成果大部分是隐性的、无意识的。如果你的产品能引发人的联想，让他们更明确产品的使用场合，并先行体验由此带来的满足感，那么消费者的购买冲动就会更强烈。

当然，联想的作用非常巨大，因此“既能成事，也能败事”，关键还是在如何产生积极的联想效应。在《先发影响力》一书中，罗伯特·西奥迪尼把品牌所引发的联想归纳为了两大类：正面的和负面的。如果将他的理论进一步延伸，那么就可以得出一个结论，文案要想在人脑中产生正面的联想，那就必须做到以下 4 点：

- **自我**：凡是跟自我相联系或显示联系时，能抓住我们的眼球的人或东西，我们都很重视它，这种现象被称为“内隐自大”。2013 年夏天，可口可乐在 1 亿听可乐的包装上印了 150 个英国最常见名字，结果带来了其销量 10 年内的首次增长。
- **归属感**：被高估的自我并不总是个体自我，它也可以是社会自我。有人曾对韩国和美国两年间的杂志做分析，发现在韩国，大多数杂志文案都试图将产品和服务跟读者的家人或团体挂钩。
- **简单**：认知学领域发现，流畅的韵律能提高说服力。五官容易识别、名字容易发音的人或东西能获得更大的好感。
- **特定情境**：外部世界的某些特点很容易将我们的注意力引导到内部心理特征上，比如特定的态度、信念、回忆或感觉。中国台湾地区的全联超市的海报上写道：“长得漂亮是本钱，把钱花得漂亮才是本事。”这是诱导消费的广告，更传达“省钱才是时尚”这种消费观与价值观。

信任度：提高心智显著性，触发次级人格潜意识

《尼尔森全球广告信任度报告》显示：在购买产品时，与所有其他形式的广告相比，92% 的人更相信来自朋友和家人的推荐。70% 的人相信在线消费者的评论，这是第二可信的推荐来源。显然，对于文案创作而言，获得受众的信任至关重要。

当涉及信任度这个维度时，就必须提到心智显著性这个概念。心智显著性指的是，人类总会无意识地选择他们更加熟悉的东西。塞勒和桑斯坦两位学者在畅销书《助推》中提出的这个概念既贴切又好记。在该书中，他们将无意识思维称为“自动式思维系统”，将有意识思维称为“反射式思维系统”。只要我们醒着，自动式思维系统和反射式思维系统就都处于活跃状态。一般来说，无意识思维系统在生成印象、感觉、意愿和冲动方面发挥着主导作用。有意识思维系统则会遵从自动式思维系统的建议，除非受到意外干扰。

人们会无意识地以大脑回忆某事物的难易程度（心智显著性）为标准来评价这些事物。无论是人、语句、想法还是产品，容易让人想起来的东西总会更招人喜欢，更令人信服。比如，当你在超市看到货架上各式各样的商品而摇摆不定时，偶然看到某广告经常提起的品牌，那么你往往会倾向于选择这些已知的品牌，尽管这些品牌的性价比与其他产品差别不大。

为了提高心智显著性，好的文案是怎么做的呢？最简单的方法就是“重复曝光”。此外，通过触碰消费者的内在渴望，在情绪上引发他们的共鸣，也能快速建立熟悉感。

那么，到底什么是内在渴望呢？《吸金广告》开篇就提到，它是在某种需要无法得到满足时人们所承受的压力。人生来就有生存、温饱、安全、求偶、获得社会认同等基本需求，这一点大部分人可能都耳熟能详了。另外，在《理性动物》这本书中，道格拉斯和弗拉达斯博士又提到了人的7个进化目标，即次级人格金字塔。这些次级人格从下至上依次为：1. 自我保护；2. 避免疾病；3. 社交；4. 社会地位；5. 择偶；6. 留住配偶；7. 育儿。如果你的文案能突显产品可以帮助人们实现某次级人格方面的追求，那么它就能快速获得消费者的亲近感。

销售高手最擅长的就是，避免让消费者产生不安全感，而文案高手则应该在更深的心理层面引发用户共鸣。因此，好的文案中，总会出现温馨、梦幻的环境，诸如“生活可以更美的”“你本来就很美”“故乡的骄子，不该是城市的游子”等反复出现的宣传语，触碰到了人的次级人格，从让人不自觉就产生情感偏好和信任感。

说服度：善用同理心，促使用户即刻做出选择

“一则好的销售文案，会让你的产品销售力增强 10 倍”，这一点对互联网文案更是如此。作为文案工作者，在文案创作完成之后，你应该问问自己：你相信这则文案吗？是否想过，在消费者看到文案到做出购买行动之间，还存在那些障碍？

克兹纳·里奇说，同理心是改变社会与他人的最强大、最有用的武器。唯有看穿问题的本质，真正明白消费者内心深处的痛苦和需求，才能给予符合其期望的支持。这不只是解决了问题，更是带领大家朝着更美好的目标前进。优秀的文案工作者都非常善用同理心，他们能切实感受到消费者某种需求未得到满足时的痛苦。戴尔·卡耐基说过：这个世界上影响别人的唯一方式就是与别人谈论他们想要的东西，并告诉他们如何得到它。

当然，体会到消费者的感受并不能自动形成销售力，因为人的态度是非常顽固的。娜奥米·克莱恩博士研究发现，人们的大脑中存在很多“观念抗体”，它们有助于人们保持既有观念。“观念抗体”由两层意思：

- 人们总是倾向于注意能强化已有态度的信息，同时忽略会削弱这些态度的信息，这叫“**选择性注意**”。
- 人们的“选择性注意”会使他们以适合自己既有观念的方

式解释信息，这叫“**选择性认知**”。

因此，可以说，所有人都是认知吝啬者，而文案工作者应该充分意识到这一点。想通过文案说服人们改变态度是非常困难的，不如直接从说服人们改变行动开始。“你多久没阅读一本书了？”“我害怕阅读的人，尤其是还在阅读的人”“累了困了喝红牛”“怕上火，喝王老吉”“经常用脑，多喝六个核桃”……这就是典型的直接从行动入手的文案。

通过特定的痛点引发消费者的共鸣，然后阐述使用相关产品可能获得的结果，这种方式会大幅提升文案的说服度。广告大师克劳德·霍普金斯告诉我们：文案无法创造购买商品的渴望，只能唤起原本就存在于千百万消费者心中的渴望，然后将这些“原本就存在的渴望”导向特定商品。

传播度：降低沟通和金钱成本，附着社交价值

泰德·莱特说，普通的品牌靠广告，伟大的品牌靠分享。没有传播力，文案就没有生命力。好的文案能减少传播成本，包括金钱成本和沟通成本。

《疯传》和《热点》都提到了社交货币这个概念，并将其视为分享基因。想要提高文案的传播度，必须在文字中嵌入分享因子，发行社交货币，铸造社交价值。

社交货币源自社交经济（Social Economy）的概念，它主要被用来衡量用户分享品牌相关内容的倾向性。社交货币理论认为，人们在微信和微博等社交媒体上讨论的东西代表且定义了自己，因此，人们会比较倾向于分享那些可以使自己的形象看起来“更有品位”的内容。以最想增加订阅量的报社为例，经过调查后发现，人们克服冷漠，向其他人分享报刊内容主要出于5个方面的原因：

- **实用性**。超过90%的参与者称，他们会仔细考虑分享对接收者有价值的内容。
- **告诉他人自己是个怎样的人**。近70%的参与者称，他们分享内容是为了让别人更好地了解自己，了解自己所关心的事物。
- **强化和培养关系**。约80%的参与者在网上分享内容是为了

与一些人保持联系，这是他们唯一的纽带。超过 70% 的人是为了能与有共同兴趣的人建立关系圈。

- **自我成就感**。70% 的参与者愿意分享内容是为了增加他们的参与感。分享并获得积极的回应，让他们觉得自己很受重视。
- **讨论理想或是品牌**。超过 80% 的参与者称分享内容是为了和他人一起讨论他们所认同的某一理想、某个公司或某个观点。

文案会为产品带来一种附加价值——社交和文化价值，它往往会大于有形价值。以红酒为例，大家都知道是饮品。如果给这款红酒附加了纯手工、富含维生素的属性，就增加了炫耀、健身的功能。文案还可进一步给产品附加各种无形的价值，这样消费者就可以产生超过具体有形的满足感。例如，一瓶昂贵的红酒，它的文化价值远远超过物品本身，它更能够给消费者带来某种身份的满足感。

除了身份，还有美貌和爱情等元素，这些都是人们追求的主观价值。现在市场的产品大同小异，如何让自己的产品脱颖而出？最好的解决方法是在产品的有形价值上，增加无形的价值。最终，无形价值往往会大于有形价值。

第二章

知识体系：怎样才能持续写出好文案

在知道了判定文案优劣的标准之后，你还需要知道优秀文案工作者和普通文案工作者的差别。为什么围绕相同的产品，不同的人写出来的文案会产生完全不同的效果呢？天赋可以解释一部分原因，不过只是很小的一部分。普通文案工作者和优秀文案工作者的最大差距其实是知识体系。幸运的是，文案知识体系是可以通过自我教育和自我学习培养起来的。

自我从事文案写作培训工作以来，有很多人都向我询问，如何快速提高自己的文案写作水平。可见，无论是完成入门，还是实现突破，很多人最为苦恼的事情就是不清楚“该学什么”和“怎么学”。

先说说应该学什么的问题。1956年，布鲁姆等人首先提出了教育目标分类法。2001年，他的学生安德森等人又对此进行了修订升级。他们将知识分为了四类：1. 事实性知识（事实、专业术语、具体细节）；2. 概念性知识（结构、原理、系统化、高度概括的抽象总结）；3. 程序性知识（经验、推演方法、执行方法）；4. 元认知知识（衍生、验证知识的知识）。这四类知识，层层递进，不可逾越。以文案工作为例：

- **事实性知识**：顶尖广告大师的作品及学术观点，轰动整个行业的优秀文案等。
- **概念性知识**：各种模型概念，例如5A、ACCA、AIDMA法则等。

- **程序性知识**：流程、程序化写作、如何与客户打交道等实战经验。
- **元认知知识**：属于判断、延伸方面的知识。

接着，再说一下学习方法的问题。1946 年著名的学习专家埃德加·戴尔首先发现并提出了学习金字塔。它用数字形式形象显示了：采用不同的学习方式，学习者在两周以后还能记住多少内容（平均学习保持率）。学习效果在 30% 以下的几种传统方式，都是个人学习或被动学习；而学习效果在 50% 以上的，都是团队学习、主动学习和参与式学习。

按照知识分类系统和学习金字塔，搭建文案知识系统可分为 4 个步骤：1. 自我学习；2. 刻意练习；3. 元认知积累；4. 分享式学习。

步骤 1，自我学习

自我学习的关键一定要有明确的学习计划，而列计划时，需要有清晰的目标，明确的重点，执行拆分到每日 / 周 / 月 / 年，以及合理的奖惩制度等 4 个部分。

首先，来看何谓清晰的目标。标准格式 = 具体截止期限 + 具体学习成果。很多人会列梦想清单：今年我一定要学会思维导图。然而，这种方式太笼统了：1. 没有时间期限；2. 没有具体成果。其实可以优化为：一年之内成为初级思维导图手绘师，在公司开会时独立展示 A1 纸张大小的手绘图，从而得到领导赏识。

其次，明确的重点。根据木桶效应，你的能力桶应该不断加高长板、堵上短板，这样才能让你的势能发挥出更大作用。显然，这里的重点就是你的核心目标、学习中存在的薄弱点以及明确你与某个目标人物的差距在哪里。只有找到努力的方向和侧重点，才能在今后的学习中有的放矢。比如我想成为一个文案培训师，那么除了文案知识体系，我还需要再学习演讲、写作、心理学等方面的知识。

再次，执行拆分到每日 / 周 / 月 / 年。在制订计划的时候要分期限，年计划、月计划、周计划，最后到执行的日计划。在这中间，你应该允许自己有缓冲时间，比如在身体不舒服、情绪不高等情况下有两三天的缓冲期，不至于每天拖延之后，由于完全跟不上，所以干脆放弃。有一个逆向运算方法：总学习量 ÷ 天数 = 每天要花的时间。比如，我一天能记住 10 个金句，写一篇广告小短文，拆解 2 篇微信软文，用 30 分钟看完一章文案类书籍，听 15 分钟“微课”。

最后，合理的奖惩制度和反馈机制。这个是非常重要的，成年人的学习需要内部驱动。如果驱动力不足，就需要寻求外部刺激。你可以寻求阶段性的反馈，例如获得别人的点赞、打赏、留言、约稿等。可以像大学学分制度一样，每攻克一个技能，就给自己评分，以此决定“升学”或“重修”。

步骤 2，刻意练习

王阳明在《传习录》中说道：知行合一，格物致知。学习最重要的是实践、学以致用。有几种练习你可以多尝试一下。

第一种，经典文案模仿练习。这种练习有两个维度：1. 根据朋友圈比较热门的广告，围绕自己所服务的品牌，仿写一个广告，并测试效果；2. 根据热点品牌的营销活动，按照其模式策划活动，研究如何细化，并体现行业特色。

第二种，同理心练习。你可以认真观察广告视频中的视觉和文字表达，了解身边的朋友（普通消费者）对近期热播广告的看法，和他一起讨论。你还可以每次看到一个新产品的图片，就模拟其使用场景，并进行口头创作。另外，在看一本书的书名，你可以假设如果自己写这本书，其目录应该如何规划，每个篇章应该如何架构。

第三种，改稿练习。不断练习能培养语感，熟能生巧。你可以把别人的文案拿来修改，把自己以前的文案拿来修改，将你写完的文案读给身边的朋友（普通消费者）听，并听听他的建议。

第四种，创意练习。我们平时在逛超市、商场、路边摊时，可以给货架上新添置的产品、同一类型不同品牌的产品写一句广告语，并发到朋友圈测试效果。

几种常用的刻意练习方法

水平思考法：又称为德博诺理论、发散式思维法。水平思维法是针对垂直思维（逻辑思维）而言的，在确定的信息上对创意进行无限发散，以确定卖点，而后做出更好的表述。例如，农夫山泉的卖点是“天然水源”，然后可以在这个基础上发散联想。

创意表格思考法：采铜在《精进》中提出了创意表格思考法，设计了一个创意表格来帮助思考。如果将一个想法从不同的维度进行穷尽列举，即可获得无穷尽的创意结果。

元素组合法：不同元素的组合常常能带来意想不到的创意，如“耳机 + 录音机”就成了随身听，平时多注意不同产品类型组合。

曼陀罗思考法：又称九宫格思考法，在每次做选题的时候，中间写上关键词，周围再想 8 个不同的词语进行文案组合。

头脑风暴法：原则就是不得批评任何创意（即没有任何创意是“错”的）；所有创意都记录在案，以备将来参考，其目的是把所有灵感记录下来。用心理学家的话来说，这是一个自由联想过程，应该给每个新创意启发别人的机会。

步骤 3，元认知积累

元认知包括工作经验和验证方面的知识，作为一名合格的文案工作者，如果经常灵感枯竭，不能按时交稿，就会失去竞争力。因此，我建议利用网络联机式学习，构建以下 4 种素材库。

品牌案例库。包括一些知名产品的案例，以及知名策划机构和策划人的作品，你可以深入地分析其文案、排版、设计、推广方案等方面的内容。

社会热点库。新媒体文案跟传统文案最大的区别在于，它需要紧跟进时代潮流，借势营销。每次出现“现象级”文案时，文案学习者就要随时记录、分析、拆解其中的套路，并将其分类。属于社会化营销、数字化营销还是其他类别？里面包含哪些新闻事件、创始人故事、影视剧台词、金句……

独有灵感库。无论你做什么工作，都建议你建立属于自己的灵感库，它可以帮助你在接到新工作时有所参考，不至于不知所措。灵感库可能包括自己转瞬即逝的想法、微博段子、朋友圈金句、电视剧里的台词、一幅画、一张海报甚至一个表情包……对于这些，你都可以通过电子笔记进行记录、分类、整理。其格式如下：

表 1-1　灵感库整理模板

素材收集模板	素材来源	原句	素材应用场景	仿写
案例：锤子手机	网站	漂亮得不像实力派	发布会、社交媒体、电视广告	自信得不像偶像派

职场经验库。从许多方面来看，规划职业生涯就好比塑造一个品牌。我们在公司学习到的技能、经验，包括领导交代的工作流程、上一次跟客户沟通采用的沟通策略、文案模板都是你宝贵的职场经验库，也是下一次跳槽必备的可迁移元认知。只有真正掌握元认知，持续打造个人品牌，才是你可移动的“铁饭碗”。

步骤 4，分享式学习

社交媒体时代，你可以在众多的社群、圈子、论坛、粉丝群里与同好一起交流，可以约线上相关领域的专家，甚至可以线下研讨，从而产生思维碰撞的火花。如果你想加入某个知识付费课程，一定要选择有社群陪伴、导师学员互动性良好的课程。

我特别推荐具有分享式学习流程的课程，一般具备以下 4 个元素：

· 一个符合学生兴趣的真实生活驱动的问题。

· 学生针对问题尝试和寻求多种解决方案。

· 方案最终有展示的成果。

· 成果会得到各方反馈和评估。

根据学习金字塔，通过这四个环节的学习，我们可以吸收知识—整理—复盘—传授分享，让学习的效率最大化，还有真实案例操盘，为入职做充分准备。

第三章

流程：怎样才能写出最值钱的文案

人们基于不同的目标投身到文案这个行业，有的人可能单纯就是喜欢文字的表现力，有的人可能喜欢文案这个职业的工作环境，还有的人可能希望通过文案改善自己的生活条件。对于怀有最后一种希望的人而言，实现这种希望的最佳武器就是写出最有销售力的文案。

文案的核心作用是将产品和消费者连接起来，这要求文案工作者既要非常熟悉产品，也要非常熟悉消费者，而且还必须能够实现精准匹配。将产品最有价值的地方传递给最需要的消费者，这种文案才有十足的销售力，而打造这样的文案其实是有章可循的。

步骤 1，锚定文案受众

日本有一款“戴眼镜专用的睫毛膏”，其优点就是能打造出不被镜框遮盖的睫毛，让眼睛变大，也不必担心会刷到镜框。“戴眼镜的女生”被视为目标用户，乍一看，好像很窄，但通过口口相传“你知道这个东西吗”，再配合日渐流行的知性审美趋势，这款并没有什么高科技含量的普通商品因为牢牢锚定了目标人群而获得了巨大成功。

显然，如果能精准地锚定目标用户，就不需要在大众收看的电视上投入庞大的广告费用。想锚定文案受众，就必须做到三点：找到差异化卖点，找到精准投放的平台，找到目标人群。

第一点，跟产品生产者沟通，找到差异化卖点。

卖点是什么？卖点就是需求点。不是一味追求与众不同或者从众效应，而应该“按需分配”。一般接文案业务时，文案工作者应该把很多时间花在了沟通上。在确认产品的优势、目标人群之后，文案工作者才能够切实解决对方的问题。

找卖点有几个原则，如销售领域内很著名的 FABE 法则：Features（属性或者功效）；Advantage（优点或者优势）；Benefits（客户利益与价值）；Evidences（证据），包括技术报告、顾客来信、报刊文章、照片、示范等。该方法不仅可以找到卖点，还可以给这些卖点进行排序。

按照这个法则来提炼产品核心卖点，首先需要思考产品有哪些特点和属性，其次要思考这些特点和属性与竞品的差别，或者说有哪些优势，最后要思考这些优势能给客户带来哪些利益或者价值——这个利益或价值，就是你的核心卖点。

另外，竞品之所以能够存在，很大程度上是因为它也有自己的长处。面对这种情况，你应该更加聚焦自己产品的优势，将这种优势放大为差异性卖点。在《整合营销传播》一书中，舒尔茨是这样定义“有竞争力的利益点”的：

- 必须是一种利益，可以解决消费者的问题，最好是能改善消费者的生活。
- 必须只有一种利益。
- 必须是竞争性的，是“比之较好”的竞争框架。
- 必须不是一种口号或广告语。
- 必须是一个句子。

打磨出产品的差异性卖点，为消费者提供具有竞争力的利益点，只有这样，用户才会心动，进而下单。

第二点，跟渠道沟通，让文案发挥最大的效力。

假设你的卖点清晰，怎么转化呢？你首先应该问自己一个问题：我们是在哪里卖？

每个平台的用户是不一样的，这就决定了每个平台都有自己的特点，文案必须能够围绕这些特点进行调整。比如微信公众号导流到微店，从微店买东西，肯定不符合人们日常的购买习惯，大部分人主要还是选择淘宝、京东以及一些细分领域的电商网站。既然不是主平台，为什么用户会买呢？再比如说，在那些专业推广告的电商类公众号，它们上面的产品让人眼花缭乱，仅凭一篇文案怎么才能突出重围呢？显然，你需要知道公众号平台的文章调性，并将阅读量最高的那些文章拿来拆解分析，找到你的写作风格和用户最喜欢的风格之间的交集。

第三点，跟使用者沟通，找到“引爆点”。

对于普通文案的作者而言。你要清楚自己要找的人是什么样的，也就是所谓的用户画像。比如找男朋友，女生A的标准就只是随缘的；女生B目标明确，一定要找个子高、学历高、有见识、有血性、足够阳刚的。那么，哪个女孩更容易把自己嫁出去呢？答案是第二个。

为什么？因为第一个女孩的目标太模糊，尽管入选的范围很广，但符合所谓“随缘”这个标准的人却很难判断；第二个给另一半设想了一个画像，即使入选的范围窄了，但至少她有明确的标准。

以某些母婴产品为例，比如一款价格很高的睡眠台灯。通常情况下，文案即使写得很“走心”，也没有什么转化率，为什么呢？其根本原因就是，你没有搞清楚妈妈们的行为特点。

妈妈们的行为特点是：很想给孩子最好的，但必须精打细算；很用心，但也懒，没那么多时间挨个选。因此，找个信任的人推荐，告诉她们什么东西好，值得买还便宜，那么她们可以省时省事，还能省钱。如果你首先说服了那些妈妈群的群主，那么自然会很容易启动销售热潮。

步骤 2，找对文案策略

当汉堡王和温蒂开始和麦当劳竞争顶级品牌标识的时候，麦当劳是怎么做的呢？它打出的广告仅仅为人们提供了一个选择麦当劳的理由：“在这里，你会觉得自己是个好父母。”显然，父母希望孩子爱他们，而带孩子去麦当劳就能实现这一点，让他们觉得自己是个好父母。

安踏曾发布过一个电视广告，画面是运动员们挥汗如雨却黯然神伤的片断，辅以“让疤痕成为你的勋章”这样极具煽动力的文案。这则广告的文案一直在强调“让世界的不平等，在你面前低头”，鼓舞人们奋起与自己的命运抗争，向年轻人传递了面对生活应该具备的态度。相对于简单的产品介绍，这些文案无疑是独特的。相信只要看到这些文案的人，都会感受到向前的力量！永不止步。

伊卡璐曾经推出 7 款洗发水，并在广告中提供了丰富的视觉画面，一则广告的画面是放一瓶洗发水在全是美味椰子的夏威夷海滩上，另一则广告是以沙漠绿洲旁的埃及金字塔风光为背景。大众，特别是拥有极强联想力和识别力的女性，因此很容易被带入到这些真实场景去，唤起共鸣。

在锚定了受众之后，接下来就应该回归到文案本身。毕竟文案工作者提供的是文案这种工具，他也只能通过文案来触动受众。

所谓策略，就是面对目标受众，确定思路、内容和表现形式。面对不同的人，你要试图给予不同感受，针对产品卖点采取不同的转化策略。想选对文案策略，就必须从多个方向考虑：对谁说，文案应该选择怎样的风格？在哪里说，文案如何才能脱颖而出，引发受众关注？怎样说，是否存在直接转化的链接，文案长度多少……

步骤 3，帮助消费者做出决策

消费者究竟是如何做出消费决策的？显然，文案工作者只有先搞清楚这个问题，才能有针对性地提供更精准的信息，以便帮助消费者更高效地做出购买决策。

人们的购买行为究竟是由感性直觉驱动还是由理性驱动呢？这个问题一直以来都存在着争议。《直觉思维》这本书奠定了感性决策论的基础。在《绝对价值》等书中，研究者又通过科学实验驳斥了感性决策论的说法，以市场定位、损失厌恶、锚定效应等行为经济学理论为基础的“神经营销”方式也有偏差。不管怎么说，这两种理论都能帮助文案工作者加深对于消费者决策机制的理解。因此，文案工作者都应该了解这些方面的知识。

另外，关于人脑的思维，认知心理学有 3 个结论：

- 人的大脑不喜欢抽象的、陌生的事物，喜欢具体的、鲜活的事物。
- 人的大脑分为工作记忆和长期记忆，工作记忆就相当于工作台，长期记忆就类似于储存室。人脑在思考时，会调用储存室（长期记忆）里的事物来处理当前的问题，如果储存室（长期记忆）里没有关于该事物的记忆，思考就会很费力。

· 大多时候，人们是不爱思考的。

显然，围绕人脑的特点，文案工作者有必要从两个方面帮助用户进行购买决策：1. 降低消费者的理解难度；2. 更精准地指出消费者的利益所在。

《华与华方法》一书指出，千万别让消费者太费脑子。之所以要这么做的最本质的原因就是降低传播成本。做一个品牌，不管是设计标识，想广告语，还是取名字，都是为了能够更好地传播这个品牌，也就是降低传播成本。

步骤 4，嵌入销售因子

没有转化率的文案就是纯玩笑，就像后文会提到的百雀羚的例子，其最大的问题在于文章末尾设计的付款环节太复杂，需要用户通过公众号底部链接打开淘宝，领券再下单，这导致跳转率太高。大部分用户的耐心往往只能维持 3 秒，让用户等待就是在推开用户。因此，文案一定要做到：强有力的话术 + 高转发的传播因子 + 整合营销策略！

在本书最后一章，我会探讨几个非常厉害的公式：标题方程式、传播方程式、转化方程式。在一个拥有 200 万粉丝的公众号上，这些方程式曾经让一款故宫日历在两个小时内销量破万单，创造了号主有史以来“破万”的最快速度。

当我们在用这些方程式的时候，天量的用户留言蜂拥而至，朋友圈瞬间刷屏，优惠券一抢而空，许多用户自动转发，到达临界点。最让我们兴奋的是，第二天这股好评热潮丝毫没有减退，持续了整整 3 天。用户收到货之后晒好评，再次引发口碑传播，促成新一轮的下单。

我们再来回顾一下这 4 个步骤：锚定目标，文案策略，心理说服，销售转化。

有人说，真诚就是最好的套路，可是为什么有的文案写得非常走心，却丝毫没有增加销售额？这里面有什么秘密？现在，请跟我来，一起开启文案掘金之旅。

- 你需要的“弹药”都在你的客户那里。
- 用户 / 人格 / 心理，3 类画像让用户清晰地出现你眼前。
- 3 属性法则 /USP 理论 /FAB 法则 /5W1H 法则，让产品卖点锋利无比的 4 个步骤。

在讲理性的方法之前，我建议大家首先要做到：与产品谈恋爱，有信念感。只有热爱你所推荐的东西，你才能写出能触动人心的好文案。那么，如何能够培养自己与产品之间的感情呢？那就必须学会运用“同理心思维”。

梁宁在《产品思维三十讲》一书中提到，同理心思维包含两层意思：

- 专业化的观察和判断。只抓表面数据，无法成为优秀的文案作者。好的文案作者，要看到人在不同的资源推动下，会去不同的地方，还要看到触发情绪和推进行动的开关。
- 读懂用户的底层情绪。用户往往无法准确说出体验，只能展现情绪。把人比作“手机”，后天学的知识就像一个个“App”，而情绪是底层“操作系统”。理性的调用需要时间和思考，驱动一个人的，可能只是一瞬间的情绪。

平面设计大师安迪·拉特利奇说过：“同理心大概是我拥有的最珍贵的工具。击中用户痛点，必须要运用同理心。”唯有看透问题的本质，真正触碰到对方内心深处的痛苦和需求，才能给予对方符合其渴望的支持。不只是解决了问题，更要带领大家朝着更美好的目标前进。修炼同理心有 4 个步骤：

- **步骤 1，关注人本身**。带着好奇心思考，带着意识去观察，他是谁，他在表达什么，他的感觉如何，他是怎么想的，对他来说最重要的是什么，例如唐代名医孙思邈，在《大医精诚》里也说，对病人要“皆如至亲之想”。

- **步骤 2，放下自我**。不把自己的鞋子脱下来，就没办法穿上他人的鞋子。在听别人说话的时候，放下自我，而不是有选择地去听。文学巨擘巴尔扎克塑造了 2472 个栩栩如生的人物形象，他经常会乔装打扮成小说中的人物去体验生活，有时候还会用易容术接近要描写的人物圈子。
- **步骤 3，倾听、观察和感知，真正进入到对方的内心**。首先，倾听不仅仅是听而已，还要用语言和非语言的形式来回应对方。让对方感觉到你很想听他说话，并鼓励他继续说下去。其次，观察非语言信息。要专注，要观察周围的环境，捕捉到每个可能帮助你理解对方的细节。最后，要站在对方的视角去观察。例如 1954 年修建迪士尼乐园时，为了更好地从儿童视角来进行规划设计，设计师都是半蹲在地上一步步量好建筑物的尺寸。
- **步骤 4，同理心的修炼要真正地理解对方的感觉和需求，并能够准确地描述出来**。这又这样，双方的情感才能融为一体。记住，不要用数据去描述你的感受，用情绪！尤其在文案开头！比如：今天我气炸了！

表 2-1　描述感觉的形容词

悲伤	失望	孤独	爽	愤怒	无助	烦乱	紧张	累	无聊	痛苦	迷茫
轻松	愉悦	骄傲	感动	愧疚	闷	气恼	恐惧	畅快	漠然	心醉	反感
忧虑	压抑	焦急	害羞	后悔	吃惊	为难	敬佩	心疼	向往	惊喜	欣慰
激动	平静	消沉	扫兴	酸楚	厌恶	眷恋	惆怅	疑虑	如释重负	舒适	

第四章

素材：客户知道的东西远比你多

广告大师奥格威在《一个广告人的自白》中列出了当一个好客户的 7 条准则。很可惜，不是人人都看过。因此在工作中文案工作者经常会遇到让人哭笑不得的指挥家们。“文案作者们怀着顾城、海子的情怀，拿着超市收银员的待遇，被总监和客户蹂躏得外形与爱因斯坦日趋一致，却始终没有放弃在戛纳获奖的光荣梦想。”（出自小马宋《让文案绝望的文案》）这虽是调侃，却也一语道破其中的辛酸。

当一个人知道一件事后，他就无法想象别人是不知道这件事的。当对某件事情非常熟悉的时候，人们经常会下意识地忽略掉这件事。客户对产品太了解了，因此，他们往往意识不到产品的核心卖点。从客户认为没什么价值的信息中挖掘出卖点，这正是最能体现文案工作者专业度的地方

跟客户聊得越多，越了解产品，你能写出好文案的概率就越大。小马宋曾提到：有一次，他的任务是写一个关于面膜的宣传小册子，可是大老爷们对面膜不了解啊，于是他就去跟老板聊天，结果很轻松地写出了只有行家才知道的“揭内幕式”的文案。“如果你不懂面膜，可以跟着内行一起选择和士秀。”“我不擅长武术、钢琴、书法、唱歌，但关于护肤，可以和我聊聊。（内行，不解释）”。

很多人在写文案时，更关注文字技巧、双关、成语、对仗，其实不如多去跟产品研发人员聊聊。这可能才是文案写作的真相，我们写出来的东西，大部分都是客户告诉我们的。《麦肯锡文案写作与沟通技巧》一书列举了通过客户口中获取有效信息的几个小技巧：

- 列出采访提纲。
- 预约时间地点。
- 营造轻松氛围。
- 规避敏感词。
- 耐心倾听，不要指导。
- 复述，复述，复述。
- 采用旁敲侧击的形式。
- 采用哥伦波策略。

那么，从客户口中仅仅只能得到产品特点吗？答案当然是“否”。不过，只有经过我们文案作者们的正确引导，客户才能提供我们想要的信息，就像挖井一样。

销售领域的黄金沟通法则——ABC 沟通法则

A 代表顾问（Advisor），是我们可以借助的力量，包括上级业务指导、公司、资料等，范围比较宽泛，在不同的沟通场景中 A 可能是不同的人或事物；B 是桥梁（Bridge），即销售员自己；C 是顾客（Customer），主要是潜在客户。

在 ABC 沟通法则中，其关键点是 A，因此这个法则在某种程度上可以称为“借力法则”。该法则通常有两种形式：第一种是“多对 1”或“2 对 1”，也即多个人对一个客户进行宣传；第二种形式是“1 对 1”。

销售人员，充当一个 B 的作用，具体怎么做呢？如果是“多对 1”，那就必须洞悉潜在客户的渴望、不满、期待、痛点、痒点等，把潜在客户引荐给专家、顾问 A，让 A 去解决潜在客户 C 的疑惑，从而实现销售的目的。

在“1 对 1”的拜访中，假设潜在客户对自己不信任，我们可以向客户介绍公司的样板项目。这个样板项目一定要符合潜在客户的行业，且其规模远大于潜在客户的项目。

表 2-2　找素材的方法

跟谁聊	聊什么	怎么聊
跟产品研发者聊	产品的三属性	列出采访提纲
跟品牌创始人聊	产品与竞品的差异性	预约时间地点
跟直接接触产品的操作员聊	创始人故事	营造轻松氛围
跟用户聊	产品的目标人群	规避敏感词
甚至要跟竞争对手聊	产品的用户画像	耐心倾听，不要指导
	用户的需求、购买动机	复述，复述，复述
	竞品对该产品的评价	采用旁敲侧击的形式
		采用哥伦波策略

因此，好文案都是“挖”出来的，这要解决四个问题：向谁挖，挖什么，怎么挖，挖完之后怎么产出文案。文案工作者必须跟产品研发者聊，跟品牌创始人聊，跟直接接触产品的操作员聊，跟用户聊，甚至要跟竞争对手聊。否则，许多人不会知道乐百氏有 27 层净化技术；某品牌啤酒要用真空木桶消毒；雀巢跟奶农签订的条款里规定，奶牛吃的草料要切成 5 厘米的长度。

假设现在有一个胶原蛋白产品需要文案，但厂商只提供了一件样品和一个名字，甚至很多产品图片还打了马赛克，这种情况下你在与他沟通时，就需要动动脑子了，因为明显这是一个谨慎型客户。如何撬开他的嘴巴呢？这就需要用到同理心，与消费者互换身份，设身处地地思考消费者在使用产品时的痛点、痒点、需求点、情感链接、应用场景等因素。

写文案就要建立起沟通的桥梁，当时我是这样跟胶原蛋白客户沟通的：

我：您好，样品我已经拿到了，但是目前产品除了几张图片，没有其他资料。对于产品，我还需要很多信息，能简单介绍一下吗？

客户：就是你看到的那种胶原蛋白，可以试吃一下，一周见效。敷在脸上去皱，因为保湿度高达 70%，所以气色会更好一些，但是好像也没什么特别的地方。我们请你来运作就是因为自己想得不全面。

我：那我们开始吧，请问一般买咱们产品的人都在什么年龄段呢?

客户：女的。(此刻我内心是崩溃的，两个字打发了，说明客户非常吝惜语言，我们要做的就是想方设法撬开他的嘴。)

我：女性也有很多年龄段、职业和学历等用户画像，您可以大致说一下吗?

客户：我们的产品有两种，可食用的高档胶原蛋白具有补钙，预防心血管病、妇科炎症的功效。它的用户大多数是35岁左右熟龄、高收入的女性。还有一种可以敷在脸上的平价胶原蛋白几乎所有人都可以用，包括敏感肌女性、孕妇、哺乳期女性。

我：咱们家产品是自主研发的吗?

客户：这当然，是聘请了中科院博士共同研发的。

我：明白啦！那咱们家一般实体店卖得好些还是网店好些?

客户：网店和实体店都有，但网店刚做，单子比较少，所以请你们来写电商软文做推广呀。

我：咱们家每月销售额不少吧！

客户：好的时候几十万元，不好的时候四五万元。

我：好的，打扰啦，后续有问题我们随时沟通。

客户：好。

那么，你从上边的沟通之中，找到什么有价值的信息了吗?到这里，想必很多人会感觉有一些信息，但是离卖点还是有点远。别急，我们来慢慢分析。客户说："敷在脸上去皱，因为保湿度高达70%，所以气色会更好一些。"这句话的意思是：胶原蛋白可让气色变好，皮肤回到婴儿肌。当被问到适用年龄时，客户回答“女的”，则表明该产品针对所有女性。“实体店和网店都有，但网店刚做”，这表明：此客户是一家传统企业。再根据销售额，可以看出：该公司属于名不见经传的那一类。因此，从以上的对话我们可以提炼出如下信息：

表 2-3　提炼的信息和卖点

提炼的信息	提炼的卖点
可食用，补钙、预防心血管病、妇科炎症	敷过后气色好 = 具有改善皮肤的功效
可外用，去皱、保湿度高达 70%	自主研发≈高科技独特秘方
针对所有女性用户	天然配方≈无添加剂
自主研发	刚刚涉足网店≈传统老店
纯天然成分	针对所有女性尤其高收入的女性≈独特身份
由内而外改变肤色气色	
实体店销量不错	
刚刚涉足网店	

这个时候你会发现，目前来说该产品确实没什么亮点，市场上的胶原蛋白大多也是围绕自主研发、高科技、无添加剂等卖点来撰写文案。怎么办呢？这样子是写不出好文案的。

那么，我们需要对产品的成分、包装、生产工艺等细节进行更深入的了解。当然，这就需要你提前做足功课。后面的采访将用到“哥伦波策略”。哥伦波探长是美剧中彼得·福克扮演的角色，他常常在结束对嫌疑人的询问之后，慢条斯理地拿起帽子，披上风衣，缓步走出房门。每当他走到门口将要离开的时候，他都会忽然转过身对着嫌疑人说："不好意思，我还有一个问题想要核实一下。"通常在这个时候，嫌疑人会露出马脚，这也是哥伦波找到线索的关键。

我们可以利用被采访人结束时的放松心态，问一些稍稍显得敏感的问题，诸如这个产品您觉得有什么遗憾，竞品有什么被超越的地方，种子用户使用之后的客观评价等。

了解这个策略之后，我们就可以给客户下"钩子"。

我：咱们这种胶原蛋白既可以食用又可以外用，那究竟有哪些成分呢，是海产胶原蛋白、水产胶原蛋白还是动植物胶原蛋白？

客户：最先进的海产。

我：那么咱们的胶原蛋白的包装是按照功能还是按照粉剂、水剂等分类的呢？

客户：包装全部都是好吸收的水剂，我们有去皱、消炎保健、美白保湿这 3 种不同功能的款式。

据上边所有信息你可以大致总结出以下关键词："改善皮肤""海产胶原蛋白""传统老店""女性""自主研发高科技""刚涉足网店""补钙消炎""好吸收"。

然后根据这些关键词，你需要拟出第一套文案大纲：

- XX胶原蛋白，看得见的高科技（这条文案言简意赅，告诉使用者我们是高科技产品，好吸收）。
- 妹妹，我们这里未成年不能入内……（这条文案，暗示使用者“用完我们的胶原蛋白后，酒吧都不让进了”。由此说明胶原蛋白的效果具有去皱、减龄的作用）。
- 好吸收还不够，海产胶原蛋白才是首选（此条文案旨在告诉使用者，在胶原蛋白行业，成分相当重要，海产的胶原蛋白才是最好的）。

紧接着，你需要把写好的草稿发给客户，并引发他说出更多的关于产品的信息，针对产品细节进行提问。

我：这是我们拟出的文案，您看看，想要什么样的风格？这些风格符合吗？

客户：嗯，挺好的。但是我们想发布在微信、微博、论坛和新闻稿当中，这些篇幅太短了吧。

我：别着急，这些只是草稿，我们还要针对产品细节进行沟通。之后会根据平台的不同，整理出不同的文案。

客户：哦，原来如此，那我需要做什么呢？

我：我这里有几个问题不太确定，想跟您确认一下。咱们家是百年老店吗？有国家食品安全合格证吗？从海产提取物成分到水剂都是纯天然的吗？咱们的胶原蛋白面膜敷过之后多长时间能去皱？

客户：百年老店算不上，但是老店还是可以算上的，开了有20多年了。面膜都是纯天然的，敷过以后不可能马上去皱，市面上所有面膜都不可能。用过两盒以后才会有效果。因为是纯天然的，所以效果肯定要比化学产品慢一些。胶原蛋白疗程至少需要内服一个月、外敷半个月才有效果。

我：好的，我了解了。我们出的文案样稿您还满意吗？有哪里需要修改吗？

客户：好的。都挺好，就是根据平台的不同，风格和文章的长度需要改好。

我：非常感谢，明天我们会把针对各平台改好后的最终文案发给您。

客户：好的，费心了。

此时此刻，我们得知了新的卖点：开业20多年，内服一个月、外敷半个月以后才会有效果。当你把这些信息列入你之前所列的关键词当中以后，紧接着你要做的便是：确定文案的主题。

首先让我们来回顾一下之前所列的关键词："改善皮肤""海产胶原蛋白""传统老店""女性""自主研发""刚涉足网店""补钙消炎""好吸收"。那么，通过这些关键词，你都能够想出怎样的主题呢？

· 20年老店：写创始人的创业经历、初心等。

· 两盒后见效：以身说法，从使用者角度写出用后的真实感受。

- 海产胶原蛋白：写对胶原蛋白原产地和材料精挑细选的过程。
- 自主研发高科技：国货之光，媲美百雀羚、大宝等口碑产品。

那么除了这些，我们又能联想到哪些创意型的主题呢？

- 去皱美容：夫妻之间关于美的故事。
- 补钙消炎：老年人重新焕发青春活力的故事。
- 好吸收：女人气色改善之后的奇妙变化。

还可以去网上搜集一些大牌案例，看看关于胶原蛋白有哪些广告、市场数据和图表。比如说，我们发现每年购买面膜的人有9673986人，那么我们便可以拟出诸如“每年有900多万女性，不了解自己的脸到底敷过了什么”这类主题。综上所述，文案主题的拟成方式通常有以下几种：

- 通过现有资料进行联想，创作主题。
- 根据行业数据创作文案主题。
- 根据客户口述，从只言片语中提炼主题。

如果客户谈到了自己的创业经历，那么我们就可以写一些偏重于情感类的主题；如果客户谈到了制作工艺，那么我们就可以从制作工艺或者更专业的角度去考虑主题；如果客户谈到了销量，那么我们则可以突出“产品受欢迎”。

会写文案的人，不一定会聊天。会聊天的人，文案通常写得好。他们在跟客户聊天的过程中，会像猫头鹰一般锐利，从字里行间抓住文案。“踏破铁鞋无觅处，得来全不费工夫。”对于产品，客户一定比你了解得多。因此不要急着从网上找资料，没事应该多跟客户聊天。可能你想找的，他们都会告诉你。

记住，客户才是文案作者的好帮手。

第五章

画像：目标越精准，文案的效率越高

一家生产梳子的公司招聘业务员，经过面试后剩下 3 个人，最后一道题是：谁能把梳子卖给和尚？半个月后，3 个人回来了。结果是：

甲经过努力，最终卖出了一把梳子。（甲在跑了无数的寺院，向无数的和尚推销后，终于碰到一个小和尚。因为这个小和尚头痒难耐，所以甲说服他把梳子当作挠痒的工具，从而卖了出去。）

乙卖出 10 把梳子。（乙也跑了很多寺院，但都没有推销出去，正在绝望之时，忽然发现烧香的信徒中有个女客头发有点散乱。于是乙对寺院的住持说，这是一种对菩萨的不敬，终于说服了两家寺院每家买了 5 把梳子。）

丙卖了 1500 把，并且可能会卖出更多。（丙在跑了几座寺院之后，没有卖出一把，感到很困难，便分析怎样才能卖出去？信徒不远万里前来，应该有一种带点什么回去的愿望。于是他和寺院的住持商量，在梳子上刻上各种字，如虔诚梳、发财梳……并且分成不同档次，在香客求签后分发。结果寺院在采取这个措施之后反响很好，于是越来越多的寺院要求购买此类梳子。）

把梳子卖给和尚是很不容易的事情。因此这 3 个人都应该算很优秀的销售人员了。从 3 个人完成任务的方式上我们能学到什么东西呢？

这个故事说明，甲是个很勤劳的销售人员，面对困难的时候锲而不舍，最终圆满地完成了任务。这把梳子的确是卖给和尚去使用了。乙的成绩要比甲好，在销售过程中他也做了更为大胆的尝试。他改变了对象，让没有需求的人群为有需求的人购买。买的人不一定用，用的人不一定买。丙的做法让人大吃一惊，因为他创造了循环的效益，并且创造了一个崭新的市场。

文案是营销活动中很重要的一环，它在引发兴趣、帮助决策、信息扩散等过程中起到了至关重要的作用。它一定要紧紧围绕整体营销方案，才能发挥最大的作用。相同的产品，因为营销方案不同，他们所针对的销售对象就会非常不同。显然，如果文案工作者都不清楚，销售对象是不是使用对象，或者销售对象的消费习惯，那么很可能就会说错话。例如，当产品的销售对象被定位为高收入人群时，如果文案一味强调价格便宜的特点，就会无效。

那么怎样找对人，说对话，文案工作者可以用 3 个画像的逻辑顺序厘清最终的目标人群。利用用户画像、人格画像、心理画像，就能推导出决策者的购买动机，并在产品不同发售阶段有针对性地写出不同文案，促使产品能够大卖。

步骤 1，制作用户画像

“用户画像”是什么？是按照一定的动机和行为方式，抽象出的用户标签和模型。人们可以用它来把握用户特点和喜好。梁宁提出互联网领域里有两套通用的用户画像。

第一套用户画像：第一只羊 / 头羊 / 狼

第一只羊是种子用户，让他得到及时满足，才能引入更多的羊。

头羊是意见领袖（论坛版主、微博大 V、淘宝店主……）。当头羊自发管理羊群时，产品就建立了自组织。

狼是利润的贡献者，如果你向 B 端收费，那狼就是 B 端。

第二套用户画像：大明 / 笨笨 / 小闲

大明对于自身需求非常了解，核心需求是价格或硬货，忠诚度低。

笨笨有需求方向，但不明确。可能会逛 10 家店，看了

200 条裙子，最后买了一顶帽子……一旦决定了要买的产品，大概率会变成“大明”。

小闲没有消费需求，单纯为了打发时间。

互联网预言家凯文·凯利说过：“互联网的传播从金字塔型到网格型，传播早已不是只掌握在少数几家媒体手中，人人都可以成为意见领袖。”因此这两套用户画像，互为补充，你想服务哪种羊，就要按大明、笨笨、小闲三种不同的羊的需求，来设计你的文案。比如有的产品文案只需要服务好种子用户，也就是发烧友，让他们自发地为你宣传。

聚美优品是一家专注化妆品限时特卖的在线商城。在它成立之前，电商市场已经有淘宝、京东等成熟的在线购物平台，为什么它还能杀出一片市场？因为它做了大量用户调研。通过观察各类消费群体，发现女性以及化妆品的细分领域仍然比较薄弱。因此，聚美优品以此为发力点，以女性消费者作为主要调查对象，在市场调查结果的基础上，确定了聚美优品的用户群体，进而避免与淘宝、京东等平台发生正面冲突。在使用用户画像时，人们可以对照下述表格来做调研统计。

表 2-4　A 女士用户画像简表

A 女士 信息收集类别	示例	备注	分析结论
年龄	23 岁	大致的年龄段，比如 20~30 岁	20~30 岁的单身与父母同住的 A 小姐，打扮和生活形态不追随流行，保守派和务实派，人生规划比较平实，脚踏实地，最想成为父母那样的人 她是典型的羊 / 小闲画像
性别	女	如果男女均有，需填写调研对象的比例	
职业	普通行政		
家庭成员	与父母同住，父母、弟弟	需真实	
婚否	有一个感情稳定的男朋友	需真实	
居住地	北京	现居住地	
常出没的地方	写字楼、商场、出租屋、国内热门景点	自己喜欢待和向往的地方，这决定了后期投放的渠道	
兴趣与生活方式	1. 基本上下班后都直接回家，每周和同事一起学习夏威夷草裙舞一次，最喜欢草裙舞课后的聚会，女生们都喜欢美甲，我也很喜欢； 2. 周末一般会和母亲一起逛街或者做家务； 3. 和男朋友约会回去看电影或者在家做饭，一年旅行两次； 4. 上下班时间会利用手机 App 学习英语	需体现价值观，尽量多描写一些具体时间段、不同场景中会做的事情，有感性描述也可以理性描写	
未来蓝图	1. 现在的工作不打算一直持续下去； 2. 希望等待时间成熟和现任男朋友结婚，然后离职、生孩子、照顾家庭	表现购买决策倾向	
平时接触的媒体	电视、杂志、手机 App、免费刊物、订阅号等	决定了网络投放的渠道倾向	
喜欢的杂志 / 公众号	《读者》/ 十点读书、罗辑思维		
喜欢的社群 / 社团	1. 好几个团购群，随大溜买性价比高的产品 2. 没有自己组织过社群	是否组织过社群 / 社团、参加过哪些付费 / 免费的社群 / 社团	
憧憬的对象	央视主持人董卿、知名演员孙俪	可以侧面了解用户心理画像	

表 2-5　B 女士用户画像简表

B 女士 信息收集类别	示例	备注	分析结论
年龄	25 岁	大致的年龄段，比如 20~30 岁	20~30 岁的单身与父母同住的 B 女士，打扮时髦，希望获得拥戴，想要漂亮、可爱，工作能力强 她是典型的头羊 / 笨笨画像
性别	女	如果男女均有，需填写调研对象的比例	
职业	公关人员		
家庭成员	父母、独生子女	需真实	
婚否	单身	需真实	
居住地	上海，独居	现居住地	
常出没的地方	写字楼、商场、公寓、国外热门景点、电影院	自己喜欢待和向往的地方，这决定了后期投放的渠道	
兴趣与生活方式	1. 最爱寻觅美味的午餐或甜点店，也喜欢分享给他人； 2. 通常都是和同事、朋友或闺蜜吃过晚饭后回家； 3. 回家后通常会在网上购物、做 SPA 或者地铁附近的商场购物； 4. 喜欢用美容小道具和护肤品提升个人魅力	需体现价值观，尽量多描写一些具体时间段、不同场景中会做的事情，既要有感性描述也要有理性描写	
未来蓝图	1. 喜欢拥有个人自由时间和金钱，所以婚后也要工作； 2. 生完孩子也希望休完产假后重返职场	表现购买决策倾向	
平时接触的媒体	杂志、手机 App、推特、脸书、微信订阅号等	决定了网络投放的渠道倾向	
喜欢的杂志 / 公众号	《嘉人》/ 深夜发媸、洪胖胖、黎贝卡		
喜欢的社群 / 社团	1. 组织过免费的美妆交流群、健身打卡群 2. 参加过付费的减脂社群		
憧憬的对象	当红明星杨颖、模特奚梦瑶、刘雯	可以侧面了解用户心理画像	

说明：这个表格虽简单，但是在填写具体特征时应尽可能填写得完善、丰富，就像给一个人物画像一样，越具体越好。

步骤 2，从用户画像到人格画像

人类的行为大多数由两种要素驱动，一种是喜欢，一种是厌恶。芝加哥大学社会学博士吉姆·柯明斯在《蜥蜴脑法则》一书中提出了一个观点：说服一个人采取行动比说服他改变态度更有效。比如，如果你家附近有麦当劳，就算你更喜欢肯德基，你也不会驱车几公里去吃差不多的食物。对于人们的态度和行为而言，后者更容易改变。对于文案作者而言，在写文案的时候尽量不要刻意去改变用户的态度，而是应该提供一条简捷的行动路径。例如，士力架的广告越来越通俗，从一开始“一饿就虚了，横扫饥饿，做回自己，士力架，真来劲”到“饿了吧，把它吃掉，把它吃掉”，清晰地告诉用户如何去做就能解决饥饿。

心理学家马斯顿博士在《正常人的情绪》中提出，情绪存在 4 种特质，缩写为 DISC，分别是支配（Dominance）、影响 (Influence)、稳健 (Steadiness) 与谨慎 (Compliance) 等 4 种行为类型。

表 2-6　四种人格画像的特质

特质类型	特质特点	代表人物
D	关注事，行动快，目标导向，反应迅速，效率高	拿破仑、董明珠
I	关注人，行动快，外向爱交际，沟通交际，幽默风趣	克林顿、马云

续表

特质类型	特质特点	代表人物
S	关注人，爱好和谐，行动慢，迁就他人，换位思考	甘地、马化腾
C	关注事，行动慢，讲究条理，追求卓越	比尔·盖茨、史玉柱

注：表格来源于李海峰所著《我为什么看不懂你》

根据 DISC 基本原理和大脑结构，几乎所有的用户都属于这 4 种角色类型中的一种或多种。

表 2-7　四种角色类型

行为类型	人格角色	角色特质	人口数量
D 型	领导型人格	咄咄逼人的形象是理性的、注重自我的提升。这个角色拥有一个高标准的要求，也会对你有同样的期望	大约有 5%~7% 的人口有这个角色
I 型	乐观型人格	冲动的人格类型是自发的、以风险为导向的，乐观的。这个角色更容易做出快速的决定，并且会关注购买时的好处	大约 30%~35% 的观众将被描述为一个冲动的角色
S 型	悲观型艺术家人格	关怀的角色是关心他人的幸福感。这个角色只会在你帮助别人的时候考虑你的提议。那些关心角色的人也不会浏览产品和它的特性，而是浏览你的主页，看看你经营的是哪家公司	大约 15%~20% 的人口属于这一类
C 型	完美主义型人格	这个角色类型是合乎逻辑的，有条理，并注重细节。具有逻辑角色的顾客在点击“购买”按钮前会仔细检查你的报价。他还会四处寻找更好的交易	大约 40%~45% 的观众属于这一类

那怎么根据每个客户类型而创作呢？试试以下的文案策略来针对不同人格类型。

领导型 D 型人格。针对这类费者，文案应该着重突出 3 个方面的内容：1. 关心产品如何帮助客户改善自我；2. 强调基本特性，尤其是它涉及的性能改进；3. 专注商店或品牌的传统和历史，建立可信度。例如，七匹狼男装的广告词："进攻是最好的防守，男人，不止一面。"就展示出男性荷尔蒙的力量，用一种霸气的领导者风范向世界宣告七匹狼的品牌含义。

乐观型 I 型人格。围绕这类消费者，文案的重点应该放在：1. 性价比高、折扣、团购福利；2. 具备强大想象力和措辞；3. 基于产品编织一个故事。京东曾以配送员的送货之路为切入点，推出了一组京东红色故事系列海报，反响强烈。

悲观型艺术家 S 型人格。要引起该人格类型的人注意，那么应围绕 3 个方面来做：1. 在产品描述和独特的页面（关于我们、使命声明等）中展示产品如何使其他人受益；2. 强调产品生产的环境和社会效益；3. 强调幸福感、使命感。比如广告大师路克·苏立文的《文案发烧》中讲到美国著名撰稿人大卫·阿伯特在父亲节为芝华士写的一篇文案，从一个儿子的角度回忆父亲的一些生活细节，其中每个细节都让人觉得似乎在自己身上发生过。

"因为我已经认识了你一生，因为自行车曾经使我成为街上最幸福的男孩，它是一辆红色的 Rudge；因为你允许我在草坪上捉蟋蟀；因为你的支票本在我的"支持"下总是很忙碌；因为我们的房子里总是充满书和笑声；因为你付出无数个星期六的早晨来看一个小男孩玩橄榄球；因为你坐在桌前工作而我躺在床上睡觉的无数个夜晚；因为你从不谈论鸟类和蜜蜂来使我难堪；因为我知道你的皮夹中有一张褪了色的关于我获得奖学金的剪报；因为你总是让我把鞋跟擦得和鞋尖一样亮；因为你已经 38 次记住了我的生日，甚至比 38 次更多；因为我们见面时你依然拥抱我；因为你依然为妈妈买花；因为你是一位了不起的爷爷；因为你让我的妻子感到她是这个家庭的一员；因为我上一次请你吃饭时你还是想去麦当劳；因为在我需要时，你总会在我的身边；因为你允许我犯错误，而从没有一次说‘让我告诉你怎么做’；因为你依然假装只在阅读时才需要眼镜；因为我没有像我应该的那样经常说谢谢你；因为今天是父亲节；因为假如你不值得送 CHIVAS REGAL 这样的礼物，还有谁值得。”

完美主义型 C 型人格。这类人比较挑剔，因此，如果消费者是这类人时，文案应该突显 3 点：1. 特征显著；2. 包括详细的细节，特别是产品背后的技术；3. 避免模棱两可，语序混乱。小米的文案一直都是走情怀路线，很有画面感，这一套对于 C 型人来说可能不吃香，但是小米有一款价格 99 元的黑色雨伞，其文案中有比较多关于黑科技的大数据，这类能突显权威性的科学数据就非常吸引 C 型人。

理论上讲，文案工作者需要在每个详情页面内应用这些类型的文案。如果这不可能实现，那你至少应该试图找出每个产品或类别的主要客户角色，并使用适当的文案。

接下来，可以返回到第一步中，围绕用户画像、行为特征（可以用专业 DISC 行为测评表，也可以用观察法）推导出其人格画像，继而确定有针对性的文案策略：

表 2-8　针对目标人群的文案策略

A 女士用户画像	人格画像	人格特质	文案策略
20~30 岁的单身与父母同住的 A 女士，打扮和生活形态不追随流行，保守务实派，人生规划比较平实，脚踏实地，最想成为父母那样的人 她是典型的羊 / 小闲画像 她的人格画像是 S/I 特质	I 型乐观型人格	自发的、以风险为导向的、乐观的。这个角色更容易做出快速的决定，并且会关注购买时的好处	1. 性价比高、折扣、团购福利 2. 具备强大想象力和措辞，文字中要用最、好想、好强大等夸张的语气 3. 围绕产品编织一个好听的故事
	S 型悲观型艺术家人格	关怀的角色是关心他人的幸福感。在你帮助别人的时候考虑你的提议。那些关心角色的人也不会浏览产品和它的特性，而是浏览你的主页，看看你经营的是哪家公司	1. 在产品描述和独特的页面（关于我们、使命声明等）中展示产品如何使其他人受益。强调产品生产的环境和社会效益 2. 强调幸福感、使命感
B 少女用户画像	**人格画像**	**人格特质**	**文案策略**
20~30 岁的单身与父母同住的 B 女士，打扮时髦，希望获得拥戴，想要漂亮、可爱、工作能力强 她是典型的头羊 / 笨笨画像 她的人格画像是 D/C 特质	领导者 D 型人格	咄咄逼人、理性的、注重自我的提升。拥有一个高标准的要求，也会对你有同样的期望	1. 关心产品如何帮助客户改善自我 2. 强调基本特性，尤其是它涉及的性能改进 3. 专注于商店或品牌的传统和历史，建立可信度

续表

B 女士用户画像	人格画像	人格特质	文案策略
	完美主义者 C 型人格	合乎逻辑的，有条理，并注重细节。具有逻辑角色的顾客在点击“购买”按钮前会仔细检查你的报价。他还会四处寻找更好的交易	1. 特征显著 2. 包括细节，特别是产品背后的技术 3. 避免模棱两可，语序混乱

步骤 3，从人格画像到心理画像

在《99% 的人都把卖点说错了》这本书里，日本女性营销大师广濑知砂子提出了一个心理画像的概念。

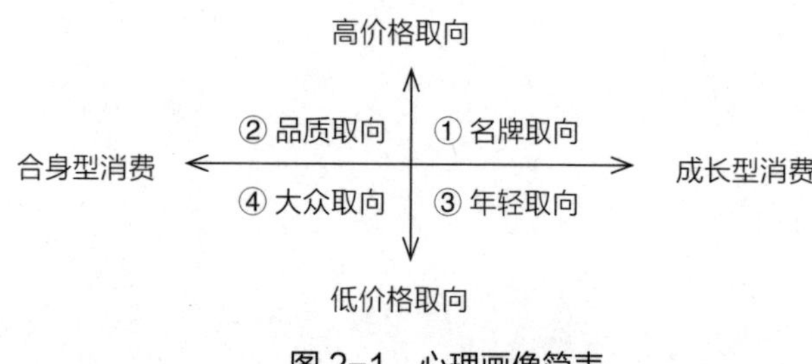

图 2-1　心理画像简表

注：合身型用户：购买符合自己收入水平的跟随派
　　成长型用户：注重品质和流行名牌的趋势派

“趋势派”和“跟随派”这个概念分类是营销界中知名的创新理论，由美国斯坦福大学社会学家艾尔弗雷德·罗杰斯教授所提倡，他将消费者分为 5 种类别：创新者（往新事物前进，加以运营）；早期接受者（对流行敏感，会主动收集信息，进行判断）；早期大众（比一般人较早采用新事物）；晚期大众（看到周围多数人进行尝试后，做出相同选择）；落后者（不关心趋势及社会动向，保守、传统主义者）。

罗杰斯认为创新者与早期接受者加起来的比例为 16%（趋势派），针对这个群体的营销策略最重要。后来 20 世纪 90 年代杰弗里·摩尔提出了鸿沟理论：早期接受者和早期大众（跟随派，占比 34%）存在无法跨越的鸿沟，所以针对这个人群的策略也非常有必要。趋势派 = 品牌商品；跟随派 = 仿制商品。

表 2-9　四种心理画像

心理画像	动心关键词	心理角色形象	决策者 购买动机
① 名牌取向	最创新、最高级、内行人就知道	时尚、品位出众的自己	引领趋势
② 品质取向	新型或必备、有眼光、超值	有眼光的自己	地位需求
③ 年轻取向	新颖、显眼、成为人群中的主流	对流行敏感、令人刮目相看的自己	跟随年轻化
④ 大众取向	有名、好用、便宜又划算	买到好用、便宜、划算商品的自己	跟随大众

表 2-10　三种画像分析总表

<table>
<tr><th>用户画像</th><th>人格画像</th><th>心理画像</th><th>决策者购买动机</th><th>文案策略</th></tr>
<tr><td rowspan="2">A 女士</td><td>I 型</td><td>② 品质取向，有眼光的自己</td><td>地位需求</td><td rowspan="2">1. 性价比高、折扣、团购福利；
2. 具备强大想象力和措辞，文字中要用最、好想、好强大等夸张的语气；
3. 围绕产品编织一个好听的故事；
4. 在产品描述和独特的页面中展示产品如何使其他人受益，强调产品生产的环境和社会效益，强调幸福感、使命感；
5. 文章中出现的关键词：新型、必备、有眼光、超值、有名、便宜又好用</td></tr>
<tr><td>S 型</td><td>④ 大众取向，买到好用、便宜、划算商品的自己</td><td>跟随大众</td></tr>
<tr><td>B 女士</td><td>D 型</td><td>① 名牌取向，时尚、品位出众的自己</td><td>引领趋势</td><td rowspan="2">1. 关心产品如何帮助客户改善自我
2. 强调基本特性，尤其是它涉及的性能改进
3. 专注于商店或品牌的传统和历史建立可信度
4. 特征显著，包括详细的细节，特别是产品背后的技术
5. 避免模棱两可，语序混乱
6. 文章中关键词：最创新、最高级、内行人就知道、新颖、显眼、成为人群中的主流</td></tr>
<tr><td></td><td>C 型</td><td>③ 年轻取向，对流行敏感、令人刮目相看的自己</td><td>跟随年轻化</td></tr>
</table>

注意，此处“DISC”这 4 个英文字母并不是一定要与后面的①②③④四种类型一一对应，A 女士和 B 女士代表了典型的两个族群的购买动机和文案策略，当遇到大量用户画像可以计算人群的画像比例，比例高者为主要画像，可以作为文案策略的依据。

步骤 4，延伸讨论的一个方向

吉列剃须刀曾做过一个试验：男人采用哪种剃须方式更性感？之所以做这个试验，原因在于：

互联网时代，快节奏的生活，让时间变得更加稀缺、碎片化，所以很多上班族、年轻的学生都选择了电动剃须刀的“干剃”方式。越来越多的人不再敷脸、涂剃须泡、手动剃须，放弃了“湿剃”，因为它耗时冗长。在中国，近年来，“干剃”与“湿剃”的比例更是高达 8 : 2。每年约有 183 万人从用手动剃须刀刮胡子，转向电动剃须刀刮胡子。

作为手动剃须刀的发明者吉列，怎么让男人重新回归“湿剃”呢？如果只是喋喋不休地强调：湿剃有多么爽，也许并不能打动几个男士。毕竟，现实摆在这里：“干剃”省时又方便。

然而，如果你告诉男人们：其实，在女人眼里，用手动剃须刀“湿剃”，比用电动剃须刀“干剃”更性感。男人们的态度、消费行为会发生转变吗？

于是，吉列找来了 40 名女性和一对双胞胎帅哥，让这两位帅哥分别用手动和电动剃须刀在玻璃后刮胡子。结束后，请现场的 40 位女性选择：哪个帅哥更让她们心动？让人大吃一惊的是，34 位女性选择了手动剃须！

这个活动的视频引发疯传，影响近 2 亿人次，直接刺激了吉列“锋隐超顺”产品在短时间内卖断货，单月销量历史最高。

对目标人群的分析除了从文化、社会、个人方面去分析之外，还需找到目标人群的购买动机，并在对方的购买动机中，找到产品或服务品牌与之对应的契合点。从这个例子可以发现，在产品发售的每个阶段，应该针对不同目标人群应该实施不同的文案策略。

预热阶段。新产品即将上市，要让使用者对新产品有好感、期待，而对于产品的使用者而言，影响者（会对购买行为产生支持或阻碍作用）就如同一面镜子，可以从中折射出使用者的“理想自我”。因此，文案策略的重点应该是，展现影响者希望看到的使用者是什么形象，什么风格，什么性格。吉列的广告就展现了女性是如何看待男人湿剃的。

上市阶段。新品上市后，使用者已经迫不及待想拥有这款产品。如果你的产品的使用者和决策者分属两人（比如埋单的是父母，玩具的使用者是孩子），如吉列剃须刀一样，使用者是男性，决策者可能是女朋友，那么，你就要想：怎么才能真正打动决策者，并让他们心甘情愿掏钱呢？最佳的办法就是利用 4 种人格和心理角色产生全新的排列组合，比如在吉列剃须刀的文案中，就可以将“D 型人格”（关键领袖）和“年轻取向”（时尚感、活力）的心理画像结合起来。

第六章

卖点：文案的价值就在于帮用户减少决策成本

卖点就是需求点，不是一味追求与众不同，而是“按需分配”。产品的卖点就是跟竞品相比的差异化优势。这个定义里面隐藏了一个非常重要的含义：先找到差异化，然后把差异化描述成“优势”，即竞争性利益点。

- 真正做到……的产品
- 取代……的产品
- 解决对……不满的产品
- 可以同时……的产品
- 获得……证书的产品
- 原产于……的产品

艾伦营销顾问公司总裁赫伯·艾伦曾说：文案工作者必须创造出能够被明确感受到的价值。他必须自问：“这项产品的本质是什么？它有哪些不同之处？假如没有不同之处，它有什么竞争对手还没有提过的特色？”

找卖点有几个方法，3属性法则、USP理论、FAB法则、5W1H分析法等，现在，我想给大家提供一套通用的步骤，融合了这几种技巧，可以分4种方法。

方法1，3属性法则界定产品特征

3属性是指产品的3个层次，包括核心产品、形式产品和延伸产品。

- **核心产品**：产品的价值，包括产品概念、产品品质、产品价格、原料产地、产品风格、技术创新/生产工艺、产品升级、产品线等
- **形式产品**：产品的外在，包括产品外形、重量、体积、视觉、手感、包装等
- **延伸产品**：产品的附加值，包括产品历史、市场地位、售后服务、附加价值、所获荣誉、名人代言等

当然，除了这3个层次之外，还有一些角度，比如竞品卖点、情景描述、用户痛点等。

其实，3属性法则所涵盖的角度，基本上包含了产品的各个方面，如果这样你还是找不到卖点的话，那就只能说明你有点懒哦。

这些都是从不同角度去做调研，提炼文案卖点的方法，我建议大家自己去做一张表格，把需要调查的清单按照自己写文案的方式提炼出来，不可以太多，比如韩老白工作室在对接客户的时候会发一张卖点信息采集表。

表 2-11　卖点信息采集表

产品属性	具体类别	说明
核心产品（产品的价值）	产品概念	广告口号
	产品品质	可以从质量检测标准划分
	产品价格	包括产品的稳定性、用户体验、可靠性、性能等方面
	原料产地	原料，或者是原产地限定。比如养生堂天然维生素 C，它强调提取自巴西针叶樱桃。比如贝蒂斯橄榄油，强调西班牙原装进口。比如华为手机告诉你我用的是徕卡的镜头
	产品风格	不同领域分类不同，比如地产，可以分为北欧风格、传统、现代、后现代、新古典、乡村田园等
	技术创新 / 生产工艺	要么讲先进，要么讲传统。比如康师傅纯净水的纳米级净化。比如日本最出名的酱油，龟甲万，至今仍然采用 300 年来一直遵守的酿造方法制造
	产品升级	相对于 1.0 版本的更新、迭代、改进
	产品线	是指一群相关的产品，这类产品可能功能相似，销售给同一顾客群，经过相同的销售途径，或者在同一价格范围内
形式产品（产品的外在）	包装	主观判断好、中、差 3 种
	质量	
	重量	
	体积	

续表

产品属性	具体类别	说明
形式产品（产品的外在）	视觉、味觉	比如美国一家餐馆号称全世界最辣的面馆，所以吃辣的人都会去“朝圣”，记录自己吃辣时满眼泪花的样子。这就是用味觉的凛冽、极致的痛感来获得素材
	手感	用手触摸的感觉，也特指对新鲜事物的评判和描述，包括纤维和织物的厚度、表观比重、表面平滑度、触感冷暖、柔软程度等因素的综合感觉
延伸产品（产品的附加值）	产品历史	
	市场地位	
	售后服务	
	附加价值	
	所获荣誉、名人代言等	
	情感需求	比如说，足浴盆的广告，不讲每天泡脚怎么养生了，而是说“给天下父母洗脚”
	价值观共鸣	比如“酷公司，用钉钉”。锤子手机一直以来都坚持对正版的支持，会让消费者觉得这是家高尚的、脱离了低级趣味、天生骄傲的公司
	社交需求	比如说，某某明星光顾过的一家餐馆，可以成为朋友圈谈资，某某 90 后老板放弃年薪百万创立的酸奶品牌等等

续表

产品属性	具体类别	说明
营销特点	销售模式	直销、分销、限量发售还是其他，比如说美国 toms 鞋，每买一双，就给非洲地区儿童捐一双鞋。比如瓜子二手直卖车，没有中间商赚差价
	消费体验	比如伊利的安慕希告诉你，浓浓的，超好吃。比如维他柠檬茶告诉你，维他柠檬茶，爽过吸香烟。比如京东物流就是快，早上下单，下午就送到。比如国美电器会告诉你，买大家电还是要到卖场看看实物再下单
	售后服务	比如说卖几十万一部的威图手机，它有一个 24 小时在线的"VERTU 管家"的服务，只要一按手机上的专键，就会接通服务总台，无论你有什么交通、餐饮之类的疑难杂症都有专人为你解答

以上只是粗略地给大家几个提示，并不是所有产品都需要填满这个表格，但在思考的逻辑上它是完整的。当然你可以拆分得更细，在每个环节写下与竞品的差异，这是做卖点梳理非常简单有用的一个工具。

以上是从用户视角提炼出的卖点信息采集指南。还需要补充一点，很多人总想找到一种万能的卖点，能覆盖所有人群、所有渠道、所有场景。有，当然是最好，但如果找不到，怎么办？那就根据不同的消费者群体，做不同的卖点陈述。这种在营销上的精细化操作，也是在碎片化媒体下的一种应变策略。

方法 2，独特的销售卖点法（USP 理论）和定位理论，厘清产品差异化

英国文学家塞缪尔·约翰逊曾说："承诺，尤其是重大承诺，正是广告的灵魂。"你要如何在广告中，做出足以说服消费者的承诺，让他们舍弃竞争对手的产品转而投向你的产品？方法之一是发展出一套 USP，即"独特销售卖点"（Unique Selling Proposition）。USP 理论主要包括三个方面：**1. 每个广告都必须对用户提出一个明确的销售主张或者利益点；2. 这一主张或者利益点，必须是产品独有的、竞争对手无法也不能提出的；3. 这一主张或者利益点必须有助于销售，能影响到大部分用户。**

为什么有这么多广告未能发挥促进销售的效果？原因之一是营销人员没有为产品打造出够强的独特卖点，然后在这个独特卖点之上经营广告。在包装食品的一般广告上，营销人员砸了数百万甚至数十亿美元的成本来建立强势品牌，借此创造市场区隔。

比如，可口可乐就是靠品牌取得优势的。假如你想喝汽水，市场上有十几种品牌的苏打水可以挑选。然而，如果你想喝可乐，那么可口可乐就是明显的选择。英特尔也有同样的品牌优势，它花了惊人的成本宣传奔腾（Pentium）系列处理器。

多数企业的规模都太小，所做的营销必须能立即产生投资回报，因此根本负担不起重金打造品牌的代价。针对这样的公司，

文案工作者应该用其他方式来为产品的独特卖点做出市场区隔。

一个常用的方式是通过产品或服务的特色，来做出市场区隔。显然，这项特色必须是竞争对手的产品或服务所没有的。然而，如果这种独家卖点并不存在呢？如果产品跟竞争对手相比基本上没什么不同，而且也没有值得拿出来大书特书的特色呢？

SSC&B 公司前任总裁兼创意总监马尔科姆·麦克道格尔指出，有 4 种办法可以帮助那些看似没差异的产品找到卖点：

办法 1，强调大部分人还不知道的产品益处。曾经有一名文案写手跑去参观酿酒厂，希望能发掘这家酒厂的啤酒跟其他品牌有什么不同。他很惊奇地发现啤酒罐就跟牛奶罐一样，会在蒸汽蒸馏水中冲洗杀菌。虽然所有啤酒品牌都会用这种方式杀菌，但是没有其他酒厂强调过这一点。所以这位文案作者在文案中提到，该品牌啤酒洁净，酒罐都经过蒸汽蒸馏水冲洗。这家酒厂的产品独特卖点就此产生。文案工作者不妨先研究产品的特色及功效，再看看竞争对手的广告。找寻其中是否有任何对手漏掉的重要功效，也就是你可以用来当作产品的独特卖点，使产品有别于其他品牌的有效定位。

办法 2，用戏剧化的方式呈现产品功效。电子商城 Radio Shack 曾经播出一则广告，里面有两个男人各站在大峡谷的一端，互相用无线电对讲机联络。虽然大部分无线电对讲机在这个距离范围内通话都没有问题，但 Radio Shack 的广告用独特而戏剧化的方式呈现远距离通信能力，目的只是要让消费者注意到这项产品。

办法 3，设计别出心裁的产品名称或包装。有些产品被网友戏称想“买椟还珠”，因为包装过于诱人，想留下作纪念，比如很多美食、美妆、生活用品。很多女士只是因为“轻生活”一系列网红卫生巾的极简风包装，就囤了足够使用一年的产品！YSL 不仅仅是口红，还玩起了跨界，创可贴、滑板、服饰、打火机、哑铃、耳环饰品等全部都做成了 YSL 的标志性符号，让铁粉欢呼，引发强烈转发。

办法 4，建立长期品牌个性。品牌个性是品牌在消费者认知中固化的结果，可以从真诚、能力、刺激、经典和粗犷 5 个维度构建。品牌个性与消费者个性或期望个性越吻合，消费者就越会对该品牌产生偏好。比如麦当劳的品牌个性倾向于真诚，因此用经典卡通形象麦叔叔俘获千万孩童的心，它希望人们无论在什么时候走进麦当劳，都觉得好像回到了少年时代。如果有大量预算，你就可以利用广告塑造独特品牌个性，即使预算不充裕，也可以通过产品特色和功效打造独特卖点，有别于其他品牌个性。

方法3，根据FAB法则提炼利益点并按重要性排序

有一只猫，它非常饿，特别想大吃一顿。这时，有一个销售员过来了，他说：猫先生，我这儿有一摞钱。这只猫听完没有任何反应。为什么？因为在猫眼里这一摞钱只是一个属性。

过了一会儿，另一个销售员过来了，他说：猫先生，我这儿有一摞钱，可以买到很多鱼。这只猫听完仍然没有任何反应。为什么？因为在猫眼里，虽然这摞钱能买到鱼，但解决不了它现在的问题——肚子饿了想吃鱼。

又过了一会儿，第三个销售员过来了，他说：猫先生，我这儿有一摞钱，可以买到很多鱼，你可以大吃一顿。销售员话刚说完，这只猫就飞快地扑向了这摞钱。为什么呢？因为这摞钱能解决它现在的问题——肚子饿了想吃鱼。

这是销售领域中一个非常著名的故事，叫“猫和鱼的故事”。这个故事之所以著名，是因为它非常符合FAB法则的顺序，即提炼产品核心卖点的顺序。FAB法则是销售领域内很著名的一条法则，它的三个字母分别是Feature（属性或者功效）、Advantage（优点或者优势）、Benefit（客户利益与价值）的简写。

FBA 法则案例

特性（Feature）	优点(Advantage)	利益(Benefit)
因为……	所以……	对您而言……
1. 独特的三面设计	1. 同时护理牙齿的三面	1. 彻底清洁难刷部位
2. 超软刷毛	2. 比其他牙刷软225%	2. 按摩牙龈
……	……	……

很多人在提炼卖点的时候，却往往只做到了 F 或者 A，很少有人做到 B。还是可以借助“猫和鱼的故事”这个故事来分析。故事里的目标人群是“猫”，第二个销售员告诉它卖点是有钱，可是猫不为所动，为什么？因为卖点不是猫变得有钱，而是这个钱可以买吃的，就是说在写卖点的时候，要多走一步，告诉用户对他产生了何种利益。

有一家公司主要销售新鲜的冬虫夏草。新鲜的冬虫夏草算是明显的差异化了吧，但如果你的广告只停留在告诉别人，我卖的是“新鲜”的虫草，我的优势是细胞级“保鲜”，那这些就都不叫卖点。卖点是你得告诉我，新鲜的虫草比传统的干虫草具体好在什么地方。

实际应用中，按照 FAB 法进行阐述，可以有 4 种顺序：F—A—B（特点—优势—利益）；A—F—B（优势—特点—利益）；B—F—A（利益—特点—优势）；B—A—F（利益—优势—特点）。文案工作者可以按照这个顺序对之前列举的卖点排序。

方法 4，5W1H 分析法——检验自己卖点的问题清单

哪些问题能找到潜在卖点？这里有一份经验清单，这些问题都能从方向上启发你，让你突然意识到，哦，原来是这样！

问题 1：why，顾客为什么要购买产品，有哪些值得关注的细节？

细节决定成败。我们拿到产品之后发掘卖点，要仔细按照卖点清单去检查是否遗漏了什么细节，能与众多品牌产生差异性，怎么表达和包装才能将这种差异植入用户心智。例如，小米手机每次开发布会都会告诉用户手机的锻造过程，屏幕测试了多少次……让发布会变成经典广告。

问题 2：who，针对怎样的目标人群，我们找对人、说对话了吗？

卖点包装的时候需要根据目标人群调整，如果是高消费人群，总是强调便宜实用，而不是拥有它的身份感，就没办法打动消费者。

问题 3：Where，这款产品在哪些场景使用频率最高？

这是文案工作者在挖掘卖点的时候很容易忽视的地方，找到产品在哪些场景、地点使用频次最高，可以迸发灵感，如“怕上火，喝王老吉”“收礼只收脑白金”。

问题 4：what，与竞品有什么区别？竞争对手存在哪些弱点？

我们是否可以做得更好?

直接对标主要竞争对手，可以让我抱怨的地方有哪些呢？先思考弱点，再反推我们有什么好处。

例如平时在逛超市时，货架上很多种洗发水品牌，我们可以思考为什么要选它，选择了它有什么好处。为了拓宽你的思路，你可以拿出类似产品测试，思考到底有什么不同，这可以给你灵感。

问题 5：when，使用时间，有哪些用户行为决策和真实反馈延展出产品卖点?

思考和调研用户在何时会使用你的产品，为什么会激发他的购买决策，还有他们的真实评价。

问题 6：how，怎样解决问题？怎样使卖点更加可信，比如哪些人、事物、品牌可以帮我背书?

解决痛点问题，比如神州专车的卖点是“安全”，于是设计了孕妇产检、赶飞机、夜间打车等场景，充分体现了乘客安全的诉求和品牌解决问题的态度。权威背书，例如，有谁在用我们的东西，连国家安全局都在用我们的东西。我们在提炼卖点的时候，用一个最基本的自检清单切入点，可以对完整的卖点进行排序和校准。

表 2-12　产品差异性卖点排序校准

产品属性	差异性卖点（利益点）	利益点排序后	校准后卖点
核心产品 （产品的价值）	产品概念 产品品质 产品价格 原料产地 产品风格 技术创新 / 生产工艺 产品升级 产品线		
形式产品 （产品的外在）	包装 质量 重量 体积 视觉 手感		
延伸产品 （产品的附加值）	产品历史 市场地位 售后服务 附加价值 所获荣誉、名人代言等 情感需求 价值观共鸣 社交需求		
营销特点	销售模式 消费体验 售后服务		
竞品差异			

策略篇

- 通过场景设计，优秀的文案可以赋予产品强大的能量。
- 围绕情感因素和参与度，人们可以用比较科学和量化的方式来确定文案长度。在条件相同的情况下，长文案的效果会好于短文案。
- 熟练掌握的5大写作模板，就能快速提升自己的文案写作能力。

小测试：对于相关产品的不同文案，你会选择哪一种？

一款新式键盘的文案：

A.随时编辑已经完成的文档，为工作节省时间，提高效率，让你赚更多的钱。

B.可分离的键盘，可以把键盘放置在姿势最舒服的地方。

一款拍照手机的文案

A.大光圈，优质感光元件，夜拍能力超强。

B. 可以拍星星的手机。

一架质量上乘的钢琴：

A.经过百年的洗礼，我们依然重视我们的品质。

B.学琴的孩子不会变坏。

以测试题为例，所有A选项的文案都是从企业和产品的角度来写的，而所有B选项的文案则是从用户的角度来写的。好文案就是能钻入用户的脑子做调研，满足用户的需求，让他们变成更好的人。这种意识就是用户思维。

那么怎样才能钻进用户脑子做调研呢？你要找到“成功用户”，通过满足他们的需求，就能知晓核心用户的喜好。因此，当作用户调研的时候，我们不应该在各种成功产品之间寻找共同点，而应该探寻这些产品的“成功用户”的共同点。

什么是“成功用户”？“成功用户”就是表现卓越的用户！用户不是因为喜欢产品而向朋友宣传，而是因为他们喜欢自己的朋友。这些“成功用户”更聪明、更熟练、水平更高、知识更渊博，而且还能以有意义的方式做更多的事情。

不要只是打造更好的“X”产品，而要打造更好的“X”用户。

不要只是打造更好的“照相机”，而要打造更好的“摄影师”。

不要只是打造更好的“电钻”，而要打造更好的“家居 DIY 能手”。

不要只是打造更好的“服务”，而要打造更好的“用户”。

那我们要怎样帮助用户成为更好的自己呢？注意，这个对于文案创意来说，非常关键，你需要把用户的痛点展示出来，并告知他们产品的利益点在哪里。常用的方法是：正确地感性接触，排除障碍，减少认知泄露，穿越大脑的垃圾过滤器。

首先，帮助用户正确地感性接触。你可以给用户大量高质量的案例，在很短时间内全部展示给你的客户。比如要给摄影课程写文案，我们只需要展示无数张获奖的、高清的图片；如果是为某款电饭锅写文案，我们需要在产品卖点中放着飘着香味的米饭图片、孩子们抢着盛饭、一家人温馨地坐在一起吃饭的场景，感性地先入为主，占领用户心智。

其次，帮助用户排除障碍。究竟是什么原因让用户放弃了使用产品，注意，关键问题不是“什么吸引他们前进”，而是“什么让他们停了下来”。我们在文案中不要强调“成倍地加大激发他们前进的磁力，更大的折扣、更多的好处、更强烈的诱惑”，而是要强调阻碍他们前进的干扰性鸿沟。在成为用户之前，所有人的关注点是应用场景，这正是他们的动机所在。在他们成为用户之后，其关注点却只剩下了工具，这正是他们动机消失的原因。那么怎样克服这些鸿沟呢？很多时候，文案工作者在写文案时会向用户描绘一幅未来的诱人画面，成为具有高技能、高清晰度的专家是一件神奇的事情，但是，用户明天又能做什么呢？于是他们会有犹豫纠结，因为太遥远的承诺让人无法体会到进步带来的好处。此时你需要给予他们：一份描述前进路径的指南，帮助他们了解当前所处的阶段；一些想法和工具，帮助他们尽早、尽可能频繁地应用当前掌握的技能。

再次，帮助用户减少认知泄露。苏联心理学家布鲁玛·蔡加尼克认为，对于未完成或暂时中断的任务，我们的大脑会为其保留一个“后台进程”，这就是蔡加尼克效应。小说家和电影导演正是利用了这一认知现象，通过一些未知的故事元素和悬而未决的情节，让你继续阅读小说或者期待下一部电影。也就是说，我们的大脑就像手机的操作系统，当你正在做其他事情的时候，你的大脑仍旧在后台消耗资源，处于开放或未完成的后台任务越多，可用于当前学习、练习以及其他事项的资源就会越少。然而，如果你的大脑能够相信某物或者某人针对未完成的认知任务有一个可靠的应对计划，它就无需花费资源“担心”这项任务。有若干种方法减少认知泄露：

- 设法让正确的事情成为最可能做到的事情，例如：多用脑，就喝六个核桃（用脑＝喝六个核桃，占领心智）
- 不要让用户选择，例如指令型文案，三叶钢琴：学琴的孩子不会变坏（提供学钢琴的卖点，让家长无法拒绝）
- 传授实用技巧，帮助用户把练习活动化繁为简，帮助他们构建习惯。《习惯的力量》一书中提出，拍摄照片本身不能成为习惯，而比如为相机充电、将内存卡整理清空、导入计算机等其他的支持拍摄照片的行为可以转变为习惯。
- 帮助他们体验内在激励，趋势专家丹尼尔·平克在《驱动力》中指出激励和惩罚人类的最好方法并不是胡萝卜加大棒的经验模式，而是内在驱动的三大要素：自主、专精和目的。

最后，穿越大脑的过滤器。如果大脑觉得你的内容无趣，就会放进垃圾回收站里，因此，文案必须想方设法地穿越大脑的垃圾过滤器，触发情绪开关。例如，激发内心的感受，利用有用的、感人的照片或故事获得大脑的关注；利用应用场景说服大脑；大脑喜欢即学即用式学习，而不是储备式学习。

“唱吧”曾斥巨资在美国时代广场大屏幕上面投放视频广告。虽然唱吧的产品功能是 KTV 手机应用，兼有社交、交友功能，但整则文案丝毫没有提及。

他们不是无法沟通，只是懒得解释；他们不是肆无忌惮，只是敢爱敢恨；他们想静，就不要别人打扰；他们想唱，就要惊动世界；不能说的，唱吧！

整篇文案在解释，用了唱吧App之后，人们将如何拥有更好的、更加特立独行、更加自由的人生！让人满怀期待、情绪得到释放。

又如宜家公司的文案，标题为“春天到了，该换被子啦！——春季推荐使用宜家3～4暖度的被子”。

你感觉暖烘烘的一夜也许对别人来说冷冰冰。您感觉超完美的枕头也许别人的脖子就受不了，这就是我们设计如此多系列被子的原因，一切都为您特别打造！

麦萨被子有1～6的暖度供您选择。每种暖度的被子都有不同的填料——合成纤维、纤维素纤维和羽绒。

适合的被子让您睡得香甜，醒来感觉精神十足。

担心冬天的厚被子没法储存？萨姆拉盒子帮你忙。

你忽略的，没想到的，宜家都为你想到了。

这两篇文案让人觉得：真是说到我心坎儿里去了。懂用户，不是说你知道他们是谁，而是你要知道他们在想什么，想要什么，要做什么。

第七章

思路：快速构建文案撰写的核心支点

文案的核心作用是在产品和消费者之间建立更紧密的关联性。通过调查，你清楚了消费者的各种属性和需求强度，也找到了产品的核心卖点，那么接下来就该思考如何将两者牢固地焊接在一起了。

世界并不是空旷的大草原，可以让文案工作者的创意如脱缰的野马一样肆意狂奔。很多时候，文案工作者都是在充满障碍物的空间中闪转腾挪。梳理清楚撰写文案的思路，你就能先行确定创意的空间，并规划解决问题的最佳路径。任何人在构思文案之前，都可以先想想如下 3 个问题，这将有助于你快速把握解决问题的方向。

问题 1：用户所处的场景是否可以直接形成转化?

问题 2：需要多长篇幅去渲染这个文案?

问题 3：投放哪个渠道?

场景因素：通过设计赋予产品强大的场能

你正在赶去上班的路上，突然雨点洒落下来。你需要找地方躲雨，周围看了一圈，发现唯一能躲的地方就是一块户外广告牌，广告牌的顶上四分之一部分向外弯曲，刚好成为一个可以避雨的空间。广告牌漆成了醒目的蓝色，上面写着："智慧城市需要聪明的点子，加入某网站一起来聊聊。"雨停后，你继续走向公司，却发现自己的鞋带松了，于是你要找个地方坐下来系好鞋带。向前面望去，你又发现另一块广告牌。这块广告牌弯曲的是底部，向上弯成了一个人们可以坐在上面的平面，并且也被漆成像公园条凳的样貌。这一次广告牌顶部写的是："坐怀一个让城市更好的聪明想法？快来网站分享吧。"跟前面一样，在广告下半部分你会看到大大的"IBM"。

大多数时候文案需要能够直接进行流量转化，比如微信长文，如果你在文末没有引导下单的设计，用户极有可能就跳出页面不再关注。不过，在地铁、公交车、电梯间、电子屏等场所，单一场景很少能直接转化，此时需要跨越一个场景引导用户下一步的行动。

例如，在地铁上，知乎的广告牌会设计一系列宣传文案，文字中会埋下关键词，引导用户去搜索、下载、转发、享受福利。

又吵架了。因为把她拍丑了。下次出门前可以先看知乎，搜索一下“怎么拍出让她满意的照片”。

如果一位手工礼品设计师，想销售自己的课程，那么在课程推广文案中，她应该怎么写才能直接形成销量呢？

首先人们很容易想到节假日送礼的温馨场景——大家收到手工礼物时的惊喜。不过，做手工礼物很费时间，而且因为看起来比较廉价，可能收礼人并不当回事儿。另外，虽然收礼物开心，但想学做手工礼物的目标群体（全职妈妈、自由职业者、大学生等）并无刚需。那么，这位设计师的个人品牌文案该怎么推广？推广这类兴趣类的课程，文案的重心一定要放在描绘美好的场景上。

在工作中，因为手工礼品重新激活了自己的升职之路。收到礼品的领导觉得你靠谱、有耐心又有创意。这些礼品不管是摆在家里还是办公室里都显得气度不凡。

在家庭生活中，因为一个爱做手工的妻子，时间都似乎放慢了流逝的脚步。孩子动手能力也在增强，变得更加聪明可爱了。岁月静好，处之泰然，你若安好，便是晴天。

在地铁里偶遇老友，鉴于多年后还能重逢，你可以送他一份手工礼物，进而重新获得人脉和友谊。

有时间做手工就是一种活得更加悠闲自在的状态。这就是场景设计，让人更加明确自己内心深处对于某种生活的向往，并将你所提供的产品视为这种生活状态的象征物。除了围绕消费者所向往的生活构建场景之外，你还可以去思考消费者想成为什么样的人。比如，在推广手工课的文案中就可以提到李宗盛的例子。李宗盛总是亲手做吉他，而且一年只做两把。

篇幅因素：围绕“情感”和“参与度”确定文案长短

文案本身也讲究效率的。换句话说，重点不在于你应该写多少字，而是你需要提供多少信息才能达成销售目标。

许多研究证实，在条件完全相同的情况下，长篇文案的销售效果通常优于短篇文案。举个例子，一份针对 72 名零售商所做的调查报告，对比了包含不同数量商品情报的广告文案的成功率。该报告指出：广告文案提供的商品信息数量越多，成功率就越高。这份研究也指出，只要广告文案遗漏了任何重要信息，销售回应就会应声下滑。（表 3–1）

表 3–1　包含不同数量商品情报的广告的成功率

商品信息数量	成功率指数
4	1
5	1
6	3
7	4
8 以上	5

那么什么因素决定着文案的长短？在《文案训练手册》这本书中，约瑟夫·休格曼教授明确给出了两条黄金定律——情感因素

和参与度，从而让人们可以用比较科学和量化的方式来确定文案长度。

情感因素指的是产品涉及情感的程度。购买订婚钻戒涉及相当多的情感因素，而当你在选择回形针时，与情感就没什么关系了。参与度指的是购买产品时人们需要投入多少时间、努力以及思考。选购订婚钻戒就跟选购大部分高价商品一样，需要经过相当多的考虑。然而，人们在买回形针的时候，多半只是从文具店的货架上拿走最靠近的一盒，几乎连想都不想。由此可以得到的结论是：高情感因素加高参与度，适合长篇文案；高情感因素加低参与度，或者高参与度加低情感因素，适合中篇文案；低参与度加低情感因素，适合短篇文案。

当然了，这个分类只是一个粗略指引，无法做精确的分析。还有很多其他因素可以用来考虑文案长度，据此，我们可以将文案分为长文案、中文案、短文案，每个文案都有不同的文案策略。根据文案长度的特点与其他考虑因素，我们可以明显看出文案不一定长就是好，许多情况下短的文案最有效，同时，别担心长篇文案会让消费者不耐烦。只要有利于销售，你应该尽可能在文案中提供最多的商品情报。

表 3-2　长、中、短文案的策略

决定文案长短的因素	长文案	中文案	短文案
	500 字以上，比如微信软文、电商详情页	50-500 字，比如朋友圈短文案、广告文案	50 字以内，比如简短的广告文案、视频等
价格	产品越昂贵，所需的文案就越长。你得先提供翔实的文案，为产品建立价值，才能要求消费者下单。这样一来，当你最终提到价格的时候，消费者才会觉得跟他们能得到的回报相比，这样的价格根本不算什么		
重要性	有些产品是消费者想买但不一定需要的（健身录像带、自我成长有声书、股市快讯），这些产品得通过长篇文案推销出去	告知用户产品重要信息（卖点），需要一个长短适中的文案	消费者有需求的产品（例如冰箱或传真机），可以用简短的文案
熟悉度	完全不熟悉的时候需要长篇文案	听说过，但是不太熟悉	当消费者对产品已经有一定程度的熟悉，短篇文案会是比较好的选择
产品类型	有些产品有许多值得在文案中强调的特色及功效，像房产、计算机、音响、汽车、书、保险、投资机会、课程和讲座、休闲度假旅游、录像机、软件、相机、家用健身器材、人寿保险、高级房车、信息科技设备、收藏品、高级珠宝或职业训练。这些商品往往需要较长的文案，因为它需要更多情感及参与度	一些需要差异性特色的产品，比如名牌服饰、图书馆、书店、饭店、餐馆等，适合短小品牌故事文案	许多产品缺乏很多特色或功效，值得一提的地方不多，像是软饮料、快餐、糖果、啤酒、葡萄酒、烈酒、珠宝、女性内衣、香水、肥皂、洗衣粉、化妆品、织品、宠物食品或洗发精
文案目的	如果你是通过销售信请读者立即订购的，那么你就必须提供有助于读者做出购买决定的所有信息	希望用户记住品牌特色和附着力，需要提供一些卖点植入到熟悉的场景中	假如你希望文案能够筛选出潜在顾客，那么你就没必要提供完整的细节，因为当潜在顾客有所回应，你还会有机会提供进一步的信息

续表

决定文案长短的因素	长文案	中文案	短文案
	500 字以上，比如微信软文、电商详情页	50-500 字，比如朋友圈短文案、广告文案	50 字以内，比如简短的广告文案、视频等
用户偏好	另外有些消费者想了解产品的所有具体细节，无论你提供多少他们都能全数消化。退休人士有比较多的时间了解销售对象，或是对你的产品特别感兴趣的业余爱好者，他们或许比较倾向接受长篇的文案	有些消费者不需要一大堆信息，而且也不习惯阅读长篇文字	忙碌的经理人或专业人士通常时间紧迫，他们对短篇文案的反应较佳
案例	例如，顾爷给支付宝写的文案《梵高为什么会死》	海明威阅读海，发现生命是一条要花一辈子才会上钩的鱼。 梵高阅读麦田，发现艺术躲在太阳的背后乘凉。 弗洛伊德阅读梦，发现一条直达潜意识的秘密通道。 罗丹阅读人体，发现哥伦布没有发现的美丽海岸线。 加缪阅读卡夫卡，发现真理已经被讲了一半。 在书与非书之间，我们欢迎各种可能的阅读者。 ——进入诚品之门的文案	怕上火喝王老吉 锤子手机，世界上第三好用的

续表

决定文案长短的因素	长文案	中文案	短文案
	500 字以上，比如微信软文、电商详情页	50-500 字，比如朋友圈短文案、广告文案	50 字以内，比如简短的广告文案、视频等
文案策略	讲述更完整的故事、理念等，可输出价值观，营造大量有趣味的互动	通过更精细的场景植入，在对应特定的场景下激发用户的欲望	强调品牌认知、记忆点，或制造好奇、引导用户进入其他场景

渠道因素：不同渠道采用不同文案策略

任何产品畅销有四大要素：商品规格、商品价格（倾向价格高的趋势 VS 倾向价格低的跟随派）、渠道（销售地点）、销售目标。

在传统媒体时代，广告投放的渠道占据着生死攸关的地位，商场、超市、商业街、量贩店、车站大楼、网络、电视等接触点随处可见各式各样的广告。在新媒体时代，虽然渠道不再为王，但是文案必须根据渠道特质调整它的策略打法，甚至可以倒推卖点。因为用户会根据商店类型转换“心理角色”，比如当某个用户去专卖低价食品的一般超市时，便会转换为“大众取向”；当他前往商场地下街或高级超市时，便会转换为“品牌取向”；当他前往有机食品商店或销售特殊食材的超市时，便会转换为“品质取向”；当他前往便利商店时，则会转换为“年轻人取向”。

例如，要撰写一款以 20 ~ 30 岁的女性为目标人群的美容乳霜的文案策划，如果从渠道的特征去倒推产品卖点，会有 4 种可能性。

表 3–3　从渠道倒推产品卖点

渠道特质	需求点	目标人群	文案策略	广告词
都市型商圈、网络、专卖店、旗舰店等	最新型或最高档、专精型商品	① –A 名牌取向的趋势派	以“最新科学”的 C 型人特质为诉求点，例如诺贝尔奖、遗传基因、干细胞，带来整形般的效果	① –A 诞生自诺贝尔获奖者研究的遗传基因科学乳霜
	并没有那么正统的仿制品	① –B 名牌取向的跟随派	以“一流或奢侈、高档”的形象，例如“百朵花之花蜜”“鱼子酱”“钻石”等能让人在脑海中产生想象的奢侈成分	① –B 含黄金、鱼子酱、松露成分的奢侈乳霜
电视	漫无目的	② –B 质量取向的跟随派	“可退货”“超值价”，更看重性价比	② –A 使用意大利有机农园天然成分的真正有机乳霜 ② –B 以 99% 植物成分制成的天然无添加乳霜
药妆店、综合超市	买护肤品而来，会向店员导购询问使用说明等	④ –A 大众取向的趋势派	不需要考虑奢侈和皮肤科学，“获得杂志报道、网红介绍”“简单方便、艺人也在用”“一瓶就能搞定保养”“抹上去睡一觉就好了”	④ –A，一抹便能够引起去皱效果的速效青春乳霜
美妆小店	除了买护肤品还有别的也会买	④ –B 大众取向的跟随派	价廉物美，简单易懂，“只用这罐就保湿”“带有玫瑰香气”“当红角色的限量款”	④ –B 既便宜又富含有效成分的超保湿乳霜
		③年轻人取向	以包装决定购买，时髦可爱，包装设计偏向于彩妆、点心或文具等	③ –A/B，包装既可爱又女性化、搭配当红角色设计，含玫瑰 / 水果成分的乳霜

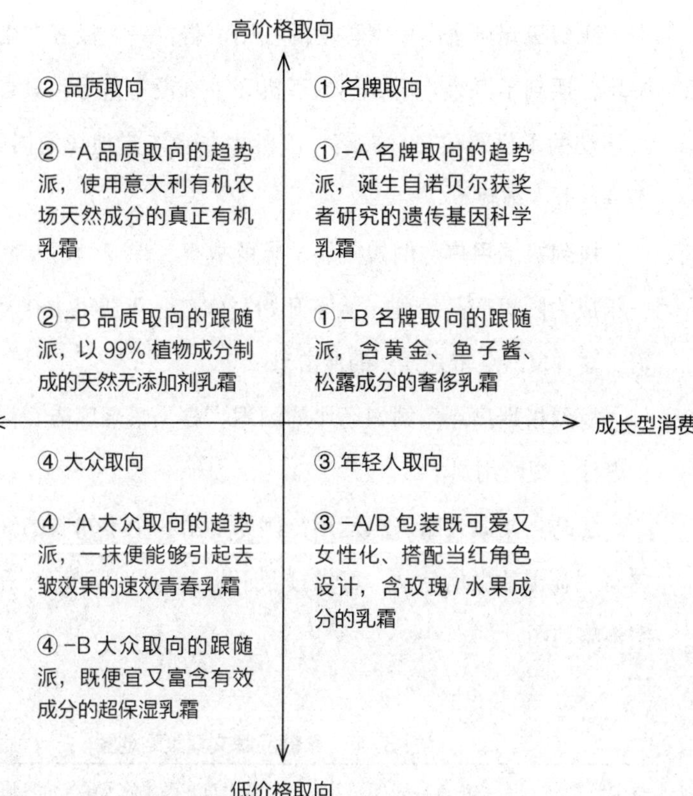

图 3-1　针对不同目标群体的美容乳霜的文案策略

备注：对于网络渠道购物，我们需要了解用户画像推断人格和心理画像，三者综合考虑，最终决定哪个精准目标人群。

有没有通用策略呢？有的，就是你需要找到三个极端：极端场景、极端用户、极端痛点。

找到极端场景。中国移动的一则广告，一群极客在南沙群岛游玩，遇到了海难。极客们的手机几乎都没有信号，只有使用中国移动的手机有信号。最终，该机主非常淡定地拨通国际长途，于是这群人被救了。

找到极端用户。例如极端学员的故事，保安学习互联网课程一年成为阿里产品经理；从零开始写作，一年获得 100 万天使投资。这种反差会带来强烈的冲击感。

找到极端痛点。例如经典的酒驾广告、禁烟广告，都会用死亡事件去提醒用户。

总结：文案策略怎么运用？例如要给一个不知名的红糖品牌撰写一篇爆款微信软文，可以按照下表去勾勒基于用户思维的文案策略地图。

表 3-4　红糖品牌文案策略地图

核心问题	具体内容	基于用户思维的文案策略地图
卖给哪些用户？	目标用户	用户画像为经期有疼痛感的女性、需要送礼的男性
用户为什么买？	用户购买动机	一般需求，科普红糖生产工艺理性说服用户、用红糖创始人的故事感性地打动用户
怎么卖给用户？	第一，用户所处的场景是否可以直接形成转化？	用户在生活、休息、工作、生病的场景中均有需求，可以直接转化

续表

核心问题	具体内容	基于用户思维的文案策略地图
	第二，需要多长篇幅去渲染这个文案？	阅读时间大于5分钟，用户非常感兴趣且口碑较好，但是价格较高、是新品牌，重点在于让用户信任，倾向于长文案
	第三，投放哪些不同的渠道去说服用户？	生活类自媒体大号网购： ① -B名牌取向的跟随派 需要出示食品安全许可证等权威证明、实际疗效，明星推荐品牌，含酵素、转氨酶、DHA等成分的奢侈红糖 综合超市： ④ -A大众取向的趋势派："获得杂志报道、网红介绍""简单方便、艺人也在用""一袋就能搞定痛经""喝下去睡一觉就好了" ④ -B大众取向的跟随派：既便宜又富含有效成分的高级红糖 美食小店： ③年轻人取向：以包装决定购买，时髦可爱，包装设计偏向于彩妆、点心或文具等

第八章

模板：提升文案能力的高效工具

小测试：如果一款游戏鼠标让你撰写广告口号，采用以下哪个更好？

A. 陈述事实：这款鼠标有人体工程学造型和手掌弧度按键。

B. 指出利益：减缓长时间游戏带来的手部疲劳。

不过，策略只是文案掘金地图的骨骼，如果没有血管和肌肉的丰满，是无法打动那些精明的 C 型人的，接下来，我们来一起学习 5 个实用的文案模板，让你的文案动起来。

模板 1，海报体文案

想要新产品热销，就不得不提到一项重要的营销手段——投放海报，无论是在传统的街边广告位，还是网站上的流量入口，都属于海报范畴。因此，海报文案是文案作者们必须攻克的创作高地。

海报文案是什么？海报文案是向大众传递产品、文化等内容的一种宣传手段。它的特点是简单好记，能突出品牌和产品的核心。那么，如何去判断一则海报文案是否合格呢？主要是从这三个方面来考虑。

第一个方面，指出利益，实现品效合一。你知道商家最喜欢的广告策略吗？产品带品牌，还是品牌带产品？答案是用产品带品牌。为什么呢？产品广告最大的好处是更直接、更利于促销，因此多用产品和活动带品牌，品牌才会在产品和活动中变得更加有血有肉。与此同时，人们购买产品或服务，是因为它们有使用价值。如果你不直接说出来这一点，用户对新产品的认知度就会很低。因此，写海报文案最妥帖的方式就是指出利益。这种广告语特别多，比如“要想皮肤好，早晚用大宝”“困了累了，喝红牛”。

第二个方面，广而告之，极简清晰的传播。海报的目的就是要广而告之。其文案要具备易于传播的属性，传播力越大，其价值就越大。那些经典文案之所以经久不衰，是因为传播力足够大，一代代口耳相传。另外，在品牌的不同发展阶段，文案也需要做相应调整，比如农夫山泉最经典的3条不同的文案。“农夫山泉有点甜”，在品牌前期，文案最重要的任务是告知，品牌到底是做什么的，产品是什么，走的是“产品—品牌”得路线。“我们不是生产水，我们只是大自然的搬运工”，在品牌有一定名气之后，文案更多是强调品牌建设，包括品牌理念、文化以及生活观点等，走得是“品牌—产品”这个路线。“每卖出一瓶农夫山泉，为希望工程捐赠1分钱”，在品牌成熟之后，文案主要传达企业得公益愿景，让人有参与感。

第三个方面，设计互动，减少跳出率。营销行业里一个著名的AIDMA法则，指用户购买行为会分成5个阶段，即关注、兴趣、渴望、记忆和行动。在这个法则里面，传统文案最容易在记忆、行动这两个环节出问题，因为场景不到位，用户不能立即行动（比如在电梯内要着急下楼，在公交站牌旁候车等），从而导致“跳出”离开，很难达到最后一步的效果。杨飞在《流量池》一书中推荐了一款“互动广告4件套”：强化客服电话、放置二维码、推荐关注微信、给出百度搜索关键词。这4种手段都是为了让用户能够尽量记住品牌，或者在当时就和品牌建立联系。（表3–5）

表 3-5　海报文案怎么写

海报	内容	方法	要点
第一部分	主标题口号＋副标一句话解释产品卖点 共情 身份感 解决痛点 触发行为	诉诸利益	卖点＋收益 戳中情绪母题＋生理唤醒 你值得更美的罗列解决问题的方法 动词＋使用场景
第二部分	产品背书	权威	权威机构、权威组织、权威认证等
		机构	参加的社区、社群、公益、政企等机构组织
		数据	展示销售数据、受欢迎人数、推荐次数、购买频次等
		推荐＋图片展示	卖课就是导师形象照，卖产品就是产品照片或者代言人照片，如果产品比较复杂，要拆解给顾客看
第三部分	号召行动	直接福利促销展示，降价一定要对比原价	送什么东西一定要放图片，让顾客感觉花一点钱，可以拿一大包礼物，千万不要大甩卖，文案要不卑不亢，海报上的字体用宋体或者黑体
		加微信聊	底部促销一定要有门槛： 比如 280 个特价蛋糕，售完恢复原价； 或者是当晚 22：00 活动结束，恢复原价； 要有具体的数字和政策，让顾客紧迫起来； 有了顾客的微信，就可以慢慢聊，后面的促单环节都在于客服。我们现在报名是多少，早鸟价多少，促销价多少

对于海报文案而言，其最主要目的就是带动产品销量，而该目的只能通过“强调卖点”这种方式实现。一般而言，对于海报文案有 4 种表现卖点得做法。

做法 1，强调收益。海报文案如果想引发读者共鸣，就不应该直接说产品卖点，而是要告诉顾客，他会有什么收益，这些收益包括心理收益、生理收益、健康收益、财富收益、配偶收益等。比如 2018 年老干妈新推出的产品“秃黄油”，仅凭一句“蟹黄白膏，猪油爆香”便火遍全网。该文案首先强调了生理收益——口感一流，蒸煮 10 分钟满屋飘香，能让宝宝多吃一碗饭，让妈妈少操心。同时，它还强调了心理收益——家人认同，妈妈买的米，一家人好评。

在采用这种做法时，一定要注意两点。第一，产品的利益一定要聚焦，不可太大。比如，同样是蒸汽挂烫机的广告语，如果说“让你幸福快乐”，利益太大太空洞；如果说“让你衣服不起皱”，利益就很聚焦，很接地气。第二，可以从产品差异化中寻找卖点利益。可以根据产品与其他竞品的不同之处，围绕产品特征，以利益吸引消费者，比如，大众甲壳虫的文案“想想还是小的好”，M&M 巧克力豆的文案“只溶在口，不溶在手”。

做法 2，共情。文案无法创造对商品的渴望，只能唤起原本就存在于千百万人心中的渴望，然后将这些“原本就存在的”东西导向特定商品。引导大众渴望的最简单的方法就是，抵达人类的意识深处，唤醒味觉、嗅觉、视觉、听觉、触觉这 5 种本能的感觉。前面我们探讨过，通过文字可以瞬间激发某种生理感受，进而引发联想，最好能用一个动词、名词、形容词把这种感受具象化。产品更有温度，消费者就会离你更近，愿意同你打交道。要寄情于物，要赋予产品一些情感，让它变成一个有温度的人。“孤独的人要吃饱饭”，多少人被这句文案打动，吃外卖吃到两眼模糊呢。打感情牌主要有两个好处：一是可以弥补产品的不足，就算产品本身没有特别亮点，但是在情感上也可以打翻身仗；二是更容易打动消费者。对于小而轻的产品，文案可以优先选择情感诉求，比如二锅头的文案“把激情燃烧的岁月灌进喉咙。没有痛苦，不算痛快。将所有的一言难尽，一饮而尽。用子弹放倒敌人，用二锅头放倒兄弟。”不过，这不是绝对的，房地产和汽车文案有时候也可以采取这种做法，比如“再名贵的树，也不及记忆中的那一棵。最温馨的灯光，一定是在回家的路上——万科地产”“强大，是你觉得自己还不够强大——昂科威”。

做法 3，强调身份感。在《疯传》一书中，作者指出了引发互联网疯传的六大要素。其中，给予消费者身份认同是很重要的手段之一。比如“同属于 90 后圈层”“中产阶级”这些内容，就直接告诉用户该产品的定位，从而引起目标人群的关注。定位的好处是什么呢？这就像有了一个标签，有了细分，能让顾客快速在万千商品中找到你。尼尔·法兰奇曾为芝华士酒写过一则文案：“不得不承认，人生实在不公平。假如你还需要看瓶子，那你显然没在恰当的社交圈里活动；假如你还需要品尝它的味道，那你就没有经验去鉴赏它；假如你还需要知道它的价格，翻过这页吧，年轻人。”

做法 4，行为暗示。通过提示产品、服务的使用时间、场景、用途、对象，来号召、激发消费行动。广告语中一定要有一个关键的“动词”，从而潜移默化地引发用户行动的联想。比如，营养快线的文案“早上喝一瓶，精神一上午”，益达的文案“吃完喝完嚼益达”。这些文案有着强烈的行为暗示。这种潜移默化的作用，让产品印象深入用户骨髓。例如脑白金的广告一直告诉用户，送礼的场景一定要想起它，这是体现孝心的表达方式。

最后，我们来谈一谈，如何写出一段合格的广告文案呢？奥格威曾经说过：“如果一则文案没有改过 100 次，那就不算一个合格的文案。”通过归纳分析国内外精选 10000 则广告语，我总结了 5 种常用的语言模式，希望在你没思路的时候能一定帮助。

- **互换包含模式，“属于……不属于……”等句式**。马云在演讲中曾说道：“阿里从来不只属于马云，但马云会永远属于阿里。”套用这种模式，我们可以写出“孩子从来都不属于父母，但父母会永远属于孩子”“学生从来不属于老师，但老师会永远属于学生”之类的文案。
- **关系互换模式**。木心有句话：“岁月不饶人，我亦未曾绕过岁月。”林语堂则说过：“人生在世，还不是有时笑笑人家，有时给人家笑笑。”套用这种模式，可以形成“强大，从来都不是为了左右别人，而是为了不被别人左右”“坚持 / 勤奋 / 努力不一定会成功，但要想成功就一定得坚持 / 勤奋 / 努力”之类的文案。
- **转折模式，“再……也……”等句式**。比如万科的文案“再名贵的树，也不及你记忆中的那一棵”；微信的文案“再小的个体，也有自己的品牌”；征途汽车的文案“去征服，所有不服”；别克汽车的文案“别赶路，去感受路”。

- **完全否定，“不必 / 不要……”等句式**。比如耐克的经典文案：“他不必再搏一枚总冠军戒指。他不必在打破 30000 分纪录后还拼上一切；他不必连续 9 场比赛都独揽 40 多分；他不必站起；他不必再站上罚球线投进那一球；也不必投进第二球力挽狂澜；他甚至不必重回赛场；即使科比已不必再向世人证明什么；他也必定要卷土重来……”

另外，在运用海报体文案时，一定要符合品牌本身的调性。所谓品牌调性，就是品牌的外在表现给市场受众所留的印象，从品牌人格化的模式来说，调性等同于人的性格。品牌原型理论最早由美国学者玛格丽特·马克和卡罗·比尔森提出，他们认为，有生命力的长寿品牌是具有人格原型的。

表 3–6　品牌的人格原型

品牌人格	特征	案例
颠覆者：规矩是用来破坏的	虽然颠覆者人格看起来有些不安分，但事实上他们个性浪漫，想破旧立新，想撼动人心	苹果就是典型的颠覆者，还记得那句“Think different”吗？
纯真者：永葆赤子之心	纯真者就像个天真的孩子，总是追求着美好的梦	信仰真善美，做着公主梦的迪士尼

续表

品牌人格	特征	案例
情人：我的眼里只有你，所以要宠你宠上天	情人代表着美丽和性感，情人是热情的、迷人的、魅惑的	维密，香奈儿，还有这两年爆红的“一生只送一人花”的诺誓（Roseonly），都是这种经典的情人类型。诺誓利用情人角色异军突起，在情人节最高峰1天能卖1亿元
探险家：放飞自我，永远在路上	对于探险者而言，最核心的是对自我的探险，是一个找寻自我、实现自我、自我发现的过程	雪花啤酒的“勇闯天涯”。红牛的“极限挑战”
创造者：只有你想不到，没有我不能造	这类人格拒绝常规，而是拥有探索自己的独特能力。他们喜欢创造、发明，他们在改变世界的同时，也在重塑自我	曾经发明“随声听”的索尼
关怀者：我比你妈还关心你	这是一个利他主义者，慷慨助人	很多护理品牌，或者是跟卫生健康相关的都是“关怀者”的形象
平常人：自在做自己	平常人的基本理论在于：每一个人一定都是天生我材必有用。同时，它也坚信，享受生命的美好是每个人与生俱来的权利	所以很多工具类产品就是“平常人”的典型，渗透在我们生活中的方方面面。还有“哇哈哈”曾经塑造过的“中国的、亲切的、健康的”品牌定位，也属于“平常人”
英雄：和我一样，勇敢一点	总是靠勇敢坚定的行动来证明自己的价值。他们有严格的标准、坚毅的精神和果断的能力。因而其他人总是受他们鼓舞	如耐克，那句经典的“just do it!”不断提醒我们，有志者事竟成

续表

品牌人格	特征	案例
统治者：权利不是一切，但权利是唯一	这个人格喜欢的是控制权，乐意承担领导角色	格力空调。多国企或者垄断型企业都是“统治者”，就算他不承认，他在人心中也烙下这种烙印
娱乐者：好玩才是这世上最紧要的事	娱乐者讨厌正经、古板，喜欢尽情欢笑、享乐	例如杜蕾斯的一系列文案
魔法师：希望能让世界发生些改变	魔法师往往能造就“神奇时刻”，有直觉、超能力和第六感。正如广告语所说：“世界失去联想，人类将会怎样？”	优步就是在颠覆你的想象。一键呼叫飞机，一键呼叫乌篷船……那些经典营销事件都是在刷新人们认知
智者：真理将给你自由	很多的知识品牌都是“智者”，在传递知识，分享知识	比如知乎、得到、豆瓣

模板 2，自品牌文案

哪些人需要关注个人品牌推广呢？它真有那么重要吗？《走红：如何打造个人品牌》这本书作者斩钉截铁地回答：1. 几乎所有人都需要；2. 对所有人而言这件事都非常重要。人们如何看待你至关重要，这是做人的真理。

米特·罗姆尼在 2012 年竞选美国总统时曾说过一句名言："企业就是人，是我的朋友。"事实上，我认为，反之亦然，从某种意义上讲，人就是企业。你有什么样的名声，就有什么样的品牌。许多人喜欢日复一日地埋头苦干，只关注"实实在在"的工作，觉得只有公司和公众人物才有品牌身份。可是，只要你在这个社会里、工作中，你的同事、上级、客户、亲朋好友就会建立一个关于你的印象。别人认识你的方式，给你贴的标签，就是你的个人品牌。

有人想着我在大公司工作，平台就能给我背书，无须经营个人品牌，那你就大错特错了，互联网领域朝令夕改，浪潮变化迭代之快令人目不暇接，你很有可能不知道哪天就换了工作或者换了行业，如果你有一个清晰、明确的个人品牌，这个价值就会跟着你走。得到 App 的明星导师张亮说过：运营好个人品牌，才是你长期的、移动的铁饭碗。

打造个人品牌第一件事，审视自己的微信、微博、抖音等账号，看一下自己目前的微信昵称，用了多少年？满意吗？个人品牌得从名字开始包装自己。那么，如何设计自己的爆款标签名字？一句话好标签 = 定语关键词 + 行业头衔。这个关键词必须做到 3 点：

- 目标群体（写给谁看的，例如专为 35 岁家有幼儿的主妇服务的创业导师）
- 竞品优势（效果、效能、利益，例如只需 7 天便能驱散产后抑郁症的心理咨询师）
- 独创性方法论（有什么特别高大上的实战 / 职业 / 获奖经历，例如票房 50 亿的鬼才导演）

接下来我会讲一些落地的方法和技巧。首先，你需要学会一个模板：完整的个人简介标签 = 职业 + 权威转嫁（前任 / 前公司 / 名人 / 最牛服务）+ 数字（战绩 / 出书 / 链接了多少人）+ 帮助（大家需要什么，我可以提供帮助）+ 愿景（愿意成为什么样的人）+ 送礼（礼物 / 我把考研资料整理出来了，欢迎大家加我 / 群内排队领取礼物）+ 第一（小领域内第一：读书营打卡第一 / 销售量第一）。

韩老白的标签

哪怕是笔渣照抄也能让你赚大钱的文案培训师（一句话定位 / 对读者的利益）

签约 7 个自媒体平台，第二届新媒体金手杯亚军，富书四次月度稿费之王（列数据）

全国排名 top2 的上市房地产公司资深企业文案（前公司背书）

IP 老师私人订制文案顾问（大咖背书）

设计学硕士（学历证书）

国际商务写作协会会长山口拓朗的优秀学员（参加的学习和圈子）

朋友圈最火的爆款文案作者（摆数据和评价）

白里挑一文化公司 / 输出力新生大学社群创始人（领域第一）

希望帮助 10 万名学员赚到过万的稿费（愿景）

我在讲课的时候就有很多学员问我，好像实在没有什么光鲜的经历能拿来说，其实我发现，很多人不是没有经历，而是没想到这些东西可以拿出来使用。

完成个人标签后，你可以进一步形成自己的简历，其形式是个人标签 + 低潮 + 逆袭 + 愿景。例如，我们工作室给黄千泫老师写的个人简历故事《从 40 岁阿姨到 18 岁女士，我只花了两天时间》。

黄千泫的个人标签

“摇身一变”联合创始人

跨国银行行长指定形象顾问

市值300亿上市集团形象培训师

大陆第一个受邀去香港培训的形象师

国际高级注册形象管理师

国家认证资质高级艺术教师

NLP身心语言程序学与NIG身心意象完型学执行师

千泫导师4岁开始学习艺术设计，以全省前十的成绩考入深圳大学服装设计专业，对服装和美学有专业和系统研究。

低潮：大学期间，她画了一整年的裸模，所以对人体的每个部位的特点都了如指掌。因为专业，所以更懂你，所以才能真正地帮助到每个人。

逆袭：自2009年开始从事时尚买手工作以来，10年间，她共计帮助了1391位客户进行一对一形象打造，其中包含银行行长、上市集团高管、亚太环球第一夫人等。同时她还是许多新媒体大咖的指定形象管理师。她曾服务过顶尖知识付费平台唯库创始人阿何、香港第一自媒体人陈立飞、新媒体运营老司机杨坤龙、畅销书作家叶小鱼、多子女养育课程导师虫虫等，实操经验极其丰富，能快速帮助客户打造出摇身一变的惊艳造型。3999元/小时的改造服务，现在已经被约到 3 个月以后了。

愿景：她在全国各地开设过上百场形象管理的课程，受益的学员上万名。

模板 3，痛点体文案

假如让你写一则关于预防型产品的文案，例如防尘床罩、防近视台灯、吸水海绵、雨鞋、防盗锁等，你会怎么写？有的文案工作者知道可以描绘那些所有人都极力想要避免的场景，从而吸引购买，于是你们经常会看到这样的句子：

如果没有这款智能狗拴，在你过马路的时候，一不留神你活泼的小狗会挣脱你的狗链被车流碾轧，汪都来不及汪一声。

如果包里没有常备这款[illegible]红雨伞，突然瓢泼大雨，半条裤子都湿了，还溅了一身的泥，怎么去见客户？

飞机晚点，打不到车，上了一辆黑车，半夜被司机带到了一条不知名的小路上……

写这些文案的人想围绕用户痛点切入，于是描述了一些所有人都想极力避免的极端场景。这些画面的确很惨，作者也描绘得活灵活现，但是最终都没有大量地获客，反而增加了文章的跳出率，为什么呢？显然，用户极力想避免的情况并不等于用户痛点。那么，什么才是用户真正的痛点呢！这里有 3 个最常用的方法，让你足不出户也能挖掘到真正的痛点！

关键词热搜。如果你想让你的产品关键词搜索排名靠前，需要搜索引擎优化思维，设计主关键词、热门关键词和长尾关键词，因为在百度竞价推广中，关键词都是来源百度搜索自动匹配的常见搜索问题。比如在百度搜索框输入“台灯”，系统就会自动弹出“台灯 护眼”“台灯哪种好”等热门搜索问题。如果你想了解某款产品对应的用户痛点，可以在搜索网站输入产品名字，比如搜索“手账本”，那么，搜索框会根据用户搜索的大数据统计结果来自动匹配最常见的搜索问题，结果显示“第一页怎么画”“手账怎么写好看”的搜索问题最多。通过这些你就能得知，用户在使用手账本时的最大痛点是不知怎样画得更好看。小米公司就用这种方法发现，在购买路由器时，用户最大的痛点是搞不清楚“路由器怎么设置”。于是，小米研发了创新产品——小米路由器。这款路由器设置极其简单，只需要进行三步“傻瓜式”的操作，只要会使用电脑，用户就都能轻松完成操作，因而大受欢迎。

查评价法。关于如何找痛点，春水堂创始人蔺德刚分享了这样一条经验：“通过深度阅读数据可以发现很多用户需求。我们在聚划算做过一次活动。我花了一晚上看用户评论，300 条用户评论基本在二三十字以内……我一一拆解评论要素并归纳总结，最终发现用户购买产品的核心关注点，所以用户数据深度分析尤为重要。”好评其实就是说明产品满足了用户的痛点，对商品特别满意，超出了自己的期望值，心情激动之余留了个好评；差评是无法满足，对商品极度不满意、心情愤恨给商家一个差评；中评说明用户对此产品不痛不痒，没有亮点也没有明显的不足，可以找到替代品，当性价比更好的新产品出现时，用户就会抛弃旧产品，因此需要格外注意。我们往往最关注的就是差评，因为差评是无法造假的，它是用来分析用户痛点的一个神器。将用户对产品或服务的差评筛选、归类，按轻重缓急程度排序，一定能够找到用户的痛点，进而对产品、服务或相关体验进行针对性的完善。

洞察法。插座学院的赵宁老师总结过，用户需求有两个触发开关：一个是负向驱动，就是已有的东西用起来特别不爽的体验；一个是正向驱动，就是希望拥有看起来用得特别爽的东西的幻想体验。这里面的负向驱动，其实就是痛点。那我们在观察用户的痛点时有哪几个方向呢？

- **第一步，分隔目标人群**。把消费者分成不同的群体，根据不同的群体特性来梳理他们所焦虑的东西，相对就会更容易和准确。有时候文案不起作用，是因为文案工作者搞错了目标人群，没有根据他们不同的年龄、地域、收入、背景等用户画像去做区隔。比如很多经典的母婴产品文案，面对孩子和妈妈的诉求是不一样的，显然不能用同样的文案去招呼。
- **第二步，聚焦用户接触点场景**。用户会在什么时间、什么地点使用你的产品和服务呢？手机界的相声大师罗永浩，在每次锤子手机的发布会上都能引发轰动。这是因为他非常擅长把产品功能点和具体的消费场景结合起来。
- **第三步，洞察用户消费习惯**。很多时候用户购买产品只是下意识的消费习惯，并不是对品牌的忠诚度。很多人在使用微波炉热饭的时候总会不小心被边缘烫伤，隔热手套肯定能解决这个痛点。于是，其海报上可以写“微波炉热菜，常被烫到吧”，让人放心又贴心。买很多笔却没地方收纳，总是丢三落四找不见，每天都在找能写的笔。于是，商家干脆打出了“笔就是要多买几支备着”的广告语，让人会心一笑。用户的习惯其实隐藏着许多痛点，如果能得到缓解，甚至用新的产品引导，就可能改变用户的消费惯性。

当大家通过上述手段找到用户痛点后，你可以基于用户痛点反推出产品卖点。做到这一点其实只需要 3 个步骤：1. 通过搜索、查看大量同类产品用户评价找到用户当前的痛点；2. 思考哪些痛点通过新产品可以更好地满足和优化；3. 将所有痛点排序、筛选，可以优化的痛点换一个说法演变成卖点。

当文案工作者能够熟练地找到用户痛点，并围绕这些痛点发现产品卖点后，它应该怎么将这一切形成一篇能够引爆产品销量的文案呢！

步骤 1，帮着消费者清晰其最在意的东西。有些东西，只有人们永远失去的时候才知道它们的可贵。消费者的偏好往往是根据自身的实际经历形成的，而大多数人的经历其实并不丰富。通过营造某种极端的环境，让消费者体验小概率情况下才会出现的情况，就能帮助他们清晰化自己真正的偏好。

步骤 2，出示解决方案。你的产品能够针对那些极端情况提供潜在的解决方案，而且这必须是该产品或服务的固有特点和功能。

只有这样，消费者的新偏好才会得到满足。我们可以对比如下的两条文案：

- “皮肤差是没有未来的。”护肤之后就能给女生带来美好的未来吗？虽然话不错，但是这种痛点非常空洞，任何产品都无法针对这个痛点给出承诺，因此文案是无效的。
- “皮肤差是不配拥有最新款口红的。”护肤之后能拥有健康的气色，神仙的颜值，“逆龄”的肌肤，最后还赠送新款口红，捆绑福利，吸引用户下单。试想一下，黄皮配上橘色的口红简直是灾难现场，而你的产品能解决该痛点，这样子消费者才会购买产品。

步骤 3，劝说相信。展示极端情况，并不是要利用消费者的害怕心理。一定要让消费者自己去重新调整自己的偏好，只有这样他们才会真正认识到自己的潜在需求。一味强调那些让消费者担惊受怕的东西，只会使他们彻底关闭自己的认知系统。只有按照消费者自己的逻辑，推导出结果，消费者才会相信和认同。

步骤 4，提供证据。在展示极端情况时，如果你提供的解决方法具体可行且得到了广泛认可，那就更容易获得消费者的信服。另外，这种极端情况一定是围绕消费者的痛点顺延出来的，只有这样，它与消费者之间才有直接的认知和情感通道。

模板 4，故事体文案

人生很多事急不得，你得等它自己熟。

我二十出头入行，三十年写了不到三百首歌，当然算是量少的。我想一个人有多少天分，跟出什么样的作品，并无太大的关联。天分我还是有的，我有能耐住性子的天分。

人不能孤独地活着，之所以有作品，是为了沟通。透过作品去告诉人家：心里的想法、眼中看到世界的样子、所在意的、所珍惜的。所以，作品就是自己。

所有精工制作的物件，最珍贵、最不能替代的，就只有一个字——“人”。人有情怀、有信念、有态度。所以，没有理所当然。就是要在各种变数、可能之中，仍然做到最好。

世界再嘈杂，匠人的内心，绝对必须是安静、安定的。面对大自然赠予的素材，我得先成就它，它才有可能成就我。

我知道手艺人往往意味着固执、缓慢、劳作。但是，这些背后所隐含的是专注、技艺、对完美的追求。所以我们宁愿这样，也必须这样，也一直这样。

为什么？我们要保留我们最珍贵的、最引以为傲的。一辈子总是被一些善意执念推着往前，我们愿意听从内心的安排。

专注做点东西，至少能对得起光阴岁月。其他的就留给时间去说吧。

在《致匠心》的视频中，“音乐教父”李宗盛将亲手制作木吉他的过程和新百伦鞋匠制作鞋子的过程关联在一起，讲述手艺人的专注和对技艺的热爱和执着追求。这篇文案中的每句话说的都是他自己。李宗盛在乐坛30年，写歌不到300首，固执、缓慢、只专注内心的声音，但这恰恰与新百伦的品牌精神不谋而合：百年制鞋品牌只为追求极度舒适的穿鞋感受。用一个匠人的心，向另一个匠人致敬。这世界有这样一些人，安静，专注，偏执，对待自己，对待生命，对待手中创造的作品，有着不可动摇的信仰——这种不会随着时代而改变的“匠心”，正是故事动人的力量所在。

《她因为秋叶大叔一句话，从未想过赚钱，却在一年内开了一家广告公司》是一篇讲我自己的故事的课程文案。当时我毫无名气，公众号关注人数不到1万，而这篇文案投放之后，阅读量一夜之间破4000，客单价2999元的文案课两天共报名了80余人，转化率1.2%。虽然数据不是特别惊人，但是对于一名新晋讲师，又没有名人背书，两天收入能破20万，在知识付费界还是引发了不小热议。

故事的吸引力和说服力就在于此：它很容易激发人的大脑中与之相关的区域的理智脑，让人产生“代入感”。褚时健通过故事，给橙子赋予了励志的属性；罗永浩通过故事给锤子手机赋予了理想主义的专注。支付宝通过一个个关于梦想、悦己、真爱、牵挂等情怀的故事，展现支付宝不仅仅是支付工具，更是有情怀、让用户的情感有所寄托和依附的支付工具。凡客曾经在文案界掀起了一阵故事风，并成功打造出自己的品牌内涵。

韩寒：我爱写作，我渴望从中找到自己。没有人说我行，但我觉得我可以，我耳边始终回响着批评与置疑，但我告诫自己永远不能说放弃。我这么做只想证明自己，向全世界证明我的实力。我是韩寒，也是凡客，我只想和你在一起。

王珞丹：我爱表演，我尝试从中做回自己。没有人夸我好，但我认为我争气，我脑海一直闪现着失败和哭泣，但我相信自己坚持就会是胜利。我这么做只想证明自己，向全世界证明我的实力。我是珞丹，也是凡客，我只想和你在一起。

黄晓明：七岁立志当科学家，长大后却成为一个演员；被赋予外貌、勤奋和成功，也被赋予讥讽、怀疑和嘲笑；人生就是如此，你可以努力，却无法拒绝。哪有胜利可言？挺住，意味着一切！没错，我不是演技派。Not at all，我是凡客。

这是凡客的三位明星代言人讲述自己的成长故事，却引起了普遍的共鸣。因为它触及了人类共通的“情感母题”：人生没有什么胜利可言，都会有差点挺不过来的艰难时刻，有必须“挺住”的时刻，有咬牙硬撑的时刻——挺住，就意味着一切。

关于写故事的思维模型有很多，但是在写文案的时候是不是都用得上吗？答案是否定的。

在了解故事写作结构的时候，首先要了解为什么故事能让人产生好感，如何走心、攻心，触碰到人心底的最柔软的地方，这与人类大脑结构有很大关联。在长期的商业文案故事写作中，我学习了两个万能的模型，一个叫“英雄之旅”，一个叫“金字塔结构”。当我写出了第 100 篇故事文案的时候，我发现，这两个模型可以合二为一。

首先，英雄之旅是一个关于挑战自我、获得升华的概念，是从神话故事当中提炼得到的。好莱坞最负盛名的编剧大师用这个概念发展出了一套编剧的逻辑，将英雄之旅作为撼动人心的故事原型，用于创作故事和剧本。这一构思被运用到《星球大战》《功夫熊猫》等诸多电影和动画当中。想想为什么同样是世界巨头，比尔·盖茨和乔布斯给人的感觉完全不同，前者低调淡然，仿佛一切尽在掌控之中，后者的人生跌宕起伏就像英雄横空出世。

那些销售火爆的产品，每件都像写满故事的艺术品，想想路易威登的匠人故事，以及广告大师奥格威年轻时的经历。瑞士心理学家荣格指出：“原始意象或原型是一种形象，或为妖魔，或为人，或为某种活动，它们在历史过程中不断重现，凡是创造性幻想得以自由表现的地方，就有它们的踪影。”这种集体无意识促使人们对神话以及基于神话的结构所创作的故事具有一种天生的心理认同感，也即，每个人心中都有一个遭遇很多坎坷，且最终战胜困境的英雄情结。

英雄之旅的12个环节

（参考《千面英雄》一书）

1. 平凡世界当中的英雄
2. 受到“冒险”的召唤
3. 开始时不情愿甚至拒绝
4. 平静的生活被打破，之后受到导师激励
5. 勇于跨入非凡世界的第一步
6. 在外冒险，受到重重考验，遇到小伙伴
7. 随着冒险深入，英雄到达洞穴最深处
8. 英雄受到了生死考验，绝望时爆发出本色力量
9. 大功告成
10. 英雄是否重返平凡世界
11. 历经重生
12. 英雄带着造福平凡世界的万能药和财富归来

我们会发现在一些优秀的故事、电影、传说或者他人经历当中，都可以看到英雄之旅的影子，即使没有经历完整的12个环节，一个简化的英雄之旅也往往包含下面的几个因素：

1. 英雄。无论是平凡的英雄也好落魄的英雄也罢，都需

要出来一个英雄

2. 目标。英雄需要达到的目标是什么？

3. 障碍。英雄为了达到目标遇到的障碍或者困难是什么？

4. 导师。需要出现一个人带领英雄走出迷茫

金字塔结构则有很多种，例如结构金字塔、容器金字塔等，分类比较复杂，核心就是结论先行，这里我只讲一种容易理解的——序言模式。序言模式包括四个步骤：故事的背景、冲突、疑问、答案。四者的顺序是可以调换的。不同的顺序会导致不同的文章风格，标准顺序式是背景—冲突—疑问—答案。

序言的目的是引发读者的疑问，一般来说，看到冲突读者心里会自动产生疑问，因此不需要写出明确的疑问。另外，答案不用太直白。由于要考虑到文章的传播性，因此答案可能会经过处理，以便更容易吸引大家。也就是俗话说的“起带有观点的标题”，就像“真正的互联网高手都不会追风口，那是靠什么成功？”这个标题所对应的答案就是“风口都是营销出来的”，然而很明显前者比后者更吸引人。

将“英雄之旅”和“金字塔型”融为一体后，就演变出了故事体文案的标准写法。

1. 设定背景，即介绍英雄主角，不管好坏都要写出目前的稳定状态。这里的英雄可以是人、品牌或产品、服务，甚至是行业。稳定的状况，既可以是持续良好的状态，或是持续糟糕的状态，

又可以是持续平静的状态，甚至是持续不稳定的状态。例如，一款“网红”口红，你一开始可以叙述产品的稳定优势：稳定的销售数据（可能是比较好与坏）、稳定的目标人群等。

2. 发现冲突，即打破第一阶段的平稳，针对主角的痛点，找到问题的类型，分析问题背后的原因并找到需解决的目标。一般故事文案会根据三种不同的问题类型设定目标，为了解决这个问题而采用不同的故事走向。这里需要了解一个概念，什么是预防型产品，什么是治愈型、痒点型产品，见表 3–7。

表 3–7　预防型、治愈型、痒点型产品

名称	概念	案例
治愈型产品	存在的即是痛点问题，需要马上处理解决，让事物恢复原状	比如职场升职加薪的课程、治疗疾病的药品或者健身的方法
预防型产品	存在潜在痛点问题，还没发生，但要防患于未然	比如某些日用快消品防晒霜、除螨床罩、防近视的台灯、时间管理课程，最著名就是那句“怕上火，喝王老吉”，是一款预防上火的凉茶，设定的目标就是预防
痒点型产品	目前没有问题，但想要做到更好	比如很多奢侈品包包、大牌化妆品、香水等，包括网红面膜、食品等快消品，他们都是每个人心中的痒点，设定的目标就是为了让人变得更加美好、魅力和有自信，拥有对精英群体的归属感

3. 克服障碍，即导师带领英雄克服障碍。这一阶段主要是要解答上一阶段设定的问题，找到被打破的稳定状态，提供解决方法或实施策略。与导师相遇可以设计某些戏剧冲突，比如乔布斯

当年被苹果公司开除之后，某互联网大佬赏识他，请他重新回到公司，并力排众议，力挺他掌权。最后，乔布斯创造出了具有划时代意义的多点触控智能手机。我曾帮助客户写过一款提倡“极简”护肤理念的黎蓓露蚕丝面膜的文案。在文案中，我虚构了一个皮肤不太好的女生因为遇到了导师（面膜产品）而变得更美更自信，最终收获了爱情。

有一段时间我看到一篇刷屏朋友圈的红糖文案《北大学霸实力宠妻，理科直男暖起来简直超乎你的想象》，活生生地将本来不是生活必需品的红糖写得让人觉得不得不买。他用的就是情怀 + 克服障碍的故事技巧。

爱使人变得不平凡，真正爱你的人不会让你“多喝热水”，理工科直男也有为爱奋不顾身的勇气，他们一旦浪漫起来，也能暖到人心里去……

（**发现问题**）晓雨说，这和他的妻子有很大关系。和许多女生一样，他的妻子体质偏寒，生理期非常难熬，每次看到面色苍白、浑身发冷的妻子，都让他心疼不已……化学专业出身的他，抑制不住内心的好奇心，便和这一小块红糖死磕上了。

（**设定课题**）他查阅了许多资料，认真地拿来一大堆红糖对比，才发现市面上很多的红糖都不能称之为“红糖”……他下定决心要为妻子做点什么。来到云南，他才找到了解决办法。

（**克服障碍** 1）他暗下决定，要为妻子做出一块干净安全又味道纯正的红糖。要么不做，要做就做到最好。为了找到最好的原料，光是选择甘蔗的产地，晓雨就花了整整10个月的时间。那段日子里，他每天都要品尝不同种类甘蔗。嚼多了不仅两腮疼，口腔也被刺伤，饭都没办法好好吃。可是想到自己下的决心，和以后妻子能吃到纯正的红糖，一切又变得值得了。

（**克服障碍2**）市面上的红糖五花八门，相信大家都尝过不少。其实，大多数红糖品牌都是“换汤不换药”，追求包装和口味上的创新，品质却大同小异……晓雨发现影响红糖品质的最大问题是：存在各种杂质和化学添加物……大型红糖厂采用的做法是，用化学添加物去除。这样做的好处是效率快（因为国家对糖生产要求很高，日榨甘蔗3000吨才能拿到生产资质），但缺点是去除杂质的“功效”不太好，不仅把红糖中原有的功能物质如铁、钾等矿物质、蛋白质、氨基酸等去除了，还可能带来化学残留……

（**解决收尾**）如果你的痛经症状比较严重，可以试试晓雨在推出的最新产品……

模板 5，卖点体文案

卖点体适用范围非常广，几乎所有的“快消产品”都可以按照卖点体去简单粗略地展示，大量电商文案其实都在运用这个模板。

其主要形式就是，在文章的开篇就开门见山——展示产品的名称、成分、原料、功效、权威机构检测结果、专家推荐、顾客证言、明星代言、售后服务等卖点，另外还可以给新产品加上“登场”“诞生”“新发售”“仅此一次”等字眼，注入稀缺感和新奇感。卖点体模板有两种切入方式。

第一种，卖点比较法。我曾经给年入百万的华南区整理界第一人精灵老师写过几篇线下课程推广文案，第一次推送，阅读量是平日的十倍之多，一下子招满了两期学员。这次文案最成功的地方就在于后面对于课程亮点的梳理，我运用了卖点体中 A 成功案例和 B 失败案例的方法，晒出众多房间整理前和整理后的强烈对比照片，对用户进行感官刺激，加上创始人个人品牌的故事体模板（低潮—逆袭—成就—愿景），两者结合，提出“拒绝过打折生活”“你究竟是在生活还是在凑合”等口号。我的目的就是说服用户认同“一定要过讲究的人生”这个观点。显然，只有不要再做“乱室佳人”，才能走向人生巅峰。

其二，卖点罗列法。在一款新发售的胶原蛋白上，我曾运用了这种切入方式，通过多个角度阐释了产品的优势，比如产品的名称、成分、原料、功效、权威机构检测结果、专家推荐、顾客证言、明星代言、售后服务等信息。最后，这篇软文在有赞商城一经推送，当晚就看到订单量大幅飙升，一晚狂揽 30 万销售额。

什么样的女人衰老最快？（25 岁以上必看！）

【产品名称】医容严选胶原蛋白肽粉

【卖点 1】原料进口，靠谱放心！！医容严选的胶原蛋白肽粉的原料供应商是罗赛洛集团，为 100 多个国家，2000 多个品牌供应胶原蛋白，其中就有海蓝之谜、赫莲娜等贵妇品牌，是世界顶级的胶原蛋白生产厂商。

【卖点 2】安全食用，无副作用！医容严选在进口原料之后，在国内 GMP 认证的厂房里，进行独立小包装的分装，安全有保障。

【卖点 3】绝对不发胖！他们家的胶原蛋白肽粉添加了维生素 C，2000 道尔顿的分子量，更易吸收，身体利用率高。而且不添加防腐剂、香精、色素、脂肪等物质，服用更安全，最重要的是不会让你发胖！

【卖点 4】颜值高！带出去倍儿有面子！必须要夸一夸的是，他们家的产品太太太美了。一包里有 30 条，每条 5g，每天服用 1 ~ 2 条就可以满足生理需求量，又有颜值又有实力，不选它简直没天理！

【卖点5】开袋即食，省事省力。每天5g 的胶原蛋白相当于5千克猪蹄的胶原蛋白含量，相当于10碗燕窝的含量，每天一条，即满足了每日胶原蛋白的补充需求，还避免了传统食补造成的发胖。

【卖点6】每条不到3元钱！！最重要的是这么优秀的产品，它还一点都不贵！！现在医容严选为了回馈广大用户，所以特意推出让利促销活动——限时5 折优惠！算下来每条不到3 元！

卖点体文案有两种写法：卖点比较法和卖点罗列法。前者更加注重产品和竞品之间的对比，找到竞品存在的不足之处，自己的产品在此基础上可以改进或超越；后者重点在于从多个角度阐述产品的优势，比如产品的名称、成分、原料、功效、权威机构检测结果、专家推荐、顾客证言、明星代言、售后服务等。当然，这两种方法可以结合起来，也可以同时与痛点体、故事体等组合使用。

AISAS 模型、4P 模型、ACCA 模型，借助人类思维的定式来设置文案的结构。

- 情感、利益、兴趣，将用户带到逻辑入口的牵引工具。
- 4 种扫除成交障碍的有效方式。

为什么锤子手机发布会能吸引全国注意力，其创始人老罗那一句“漂亮的不像实力派”，用户们就被感动地热泪盈眶？为什么大众甲壳虫汽车的一句“想想还是小的好”，就创造引发销售狂潮？为什么喊出“新一代的选择”“渴望无限”，百事可乐就能从可口可乐霸占的市场中夺走三分之二的占有率？因为这些广告文案，都有鼓动用户做出选择的说服策略。

一般而言，影响用户选择的原因很多。不过，当用户做出购买选择的时候，通常有三种动机：

- 习惯性：无意识，偏向个人喜好做购买决策。
- 启发性：依赖其他人的评价来做决策。
- 扩展性：经过理性思考后，再做出购买行为。

在传统文案中，理性思维模式一直居于主导地位。大部分文案人员都相信理性的、线性层次结构的说服过程有实际效果。目前已有不少不同的线性层级图，其中最著名的当属“爱达模式”（AIDA）。不过，近年来，感性模式开始崛起，在美剧《对钱的一些思考》中，有人问斯坦福大学著名的经济学家巴巴·希夫为什么攒钱这么困难，尽管从理性的角度讲，攒钱是合理的。希夫的回答是这样的：理性大脑只是把感性大脑已经决定做的事情理性化而已，唯一的永久性解决方法就是让大脑觉得攒钱更加性感。

除了这些认知方面的最新研究之外，文案工作者还要掌握一些基本技巧。抓手、梯度、温度是论述文写作训练中必须重视的3个关键词，而这也是增强文案说服力的有力武器。

抓手：各类思维导图是文案思维训练的一个抓手。思维导图（如鱼骨图、树状图等）可以通过一系列的图示技术呈现思考的方法和路径，让抽象的思维外显化、可视化。面对具体的产品痛点，用鱼骨图向外发散寻找原因，用因果分析推导出可能的因素。充满逻辑含量的语言形式（如句式）也是思维训练的抓手。语言是思维的工具，也是思维的表现形式，有说服力的语句必然包含了较强的逻辑思维。

梯度：记叙文要写出事件的波澜，散文要写出心理情绪的变化，而论述文也要体现论证的推进和深入，体现思维的思辨和深度，不能在同一平面上滑行。我们要学会横向展开，围绕观点从不同的角度展开分析；要学会纵向展开，由点到面、由表及里地分析论证；更要灵活地把纵向与横向展开相结合，把论证推向深入。

温度：说服不是用文字和逻辑把对方逼到死角。对于文案来说更是如此，文案工作者的核心作用是帮助消费者明晰其真实的需求，让消费者自己说服自己。因此，温度对于文案来说至关重要。你是真心想帮助消费者解决他们的问题，还是只想着把东西卖掉，消费者是能够透过你写东西感受到的，而这就是文案的温度感。

第九章

结构：用逻辑帮助用户自己说服自己

美好的生活就是最温柔的报复

“你应该穿上最漂亮的衣服去散步遛狗，

让街道上迫害视神经的建筑物丢脸；

……

你应该把写满报复拥核人士和前男友的日记本资源回收，

让亚马逊雨林继续茂盛繁郁。

尽管用美学将生活经营成全面性的温柔报复工具，

打击那些曾经逼迫你内在的外在的丑恶。”

“如果你在其他百货公司得了购物冷感症，

请来中兴百货接受治疗。”

很多人喜欢李欣频、许舜英的文案，因为觉得这些文案有一种意识流的风格，很迷幻。然而，实际上，他们的文案的逻辑性非常强。比如上述文案，看起来是把很多无关的东西放置在了一起，但实际上，这些对比背后却隐藏着深刻的逻辑性，正因为如此，它才能让中兴百货的销量增长了 28 倍。

你可能会遇到过这样的场景：自己洋洋洒洒写了一篇文案，觉得非常满意。于是，你得意地拿给朋友，让朋友给提提意见。对方认真地看了 3 遍后，当你准备好迎接一大堆溢美之词时，却见对方摸着脑袋问：“你这篇文章看着有点乱啊，读起来不顺畅，我都不知道你到底要说些什么……”

这就涉及文案的结构问题了，而文案新手往往都会在这个陷阱里折腾很长一段时间。有时候，我们会陷入一些基本的逻辑漏洞中，比如写了一堆理由，却忘记花笔墨去下一个结论；给不出强关联的支撑，文章看起来结构散漫；文案似乎戳中了消费者的痛点，但是却不能引发消费者的购买行为。那么，在文案写作中，有哪些技巧可以帮文案工作者筑造这种咬合紧密的逻辑链，进而写出有说服力的文案呢？

文案工作者可以借助金字塔图梳理自己的逻辑。金字塔图是麦肯锡的一种写作工具，它的理论依据是，人的大脑会自动将发现的所有事物，以某种秩序组织起来。这一工具在“故事体模板”那一部分已经讲过，这里就不再赘述了。

另外，文案工作者还套用一些经典句式。语言是思维的工具，也是思维的表现形式，一些人们经常使用的句式中实际上沉淀了极强的逻辑关系？在写文案的时候，如果主动的套用这些句式，就可以在无形中借用消费者对于这些句式的逻辑感的默认。“只要……就……”是一个典型的条件关系句式，也是很多文案都经常使用的一种句式。“诚然……但是……再则……”“或许有人会认为……的确……但……因为……更何况……从某角度来说……”等句式先否定显而易见的表层原因，再深入地思考深层原因，从而会让你的行文更严密。另外，“……然而”这个句式可以让你先分析各方的优点，然后转到己方的优点，从而让自己的观点是显得更加公允。

除了这些基本的方法外，还有一些经典的文案结构，值得所有文案工作者参考。这些结构均经过了长期的实践检验，其说服力已经得到了证明。文案工作者如果能够吃透这些模型，并在文案创作过程中自觉套用这些结构，那么文案的逻辑说服力必将大幅提高。

AISAS 模型（Attention，引起注意；Interest，激发兴趣；Search，搜索证据；Action，促进行动；Share，触发分享）。这个模型是一个通用的用户决策分析模型，在营销、文案及广告领域运用广泛。我们可以围绕一篇微信文案《女人一生最好的投资不是婚姻，不是孩子，而是……》，分析一下它是如何运用 AISAS 模型的。

- **Attention——引起注意。**

这篇文章的标题看着就特别吸引人，一般我们可能会以为孩子、婚姻或事业对一个女人来说，是人生翻盘逆袭的一个很重要的机遇。但作者在标题中写道，女人一生最好的投资不是婚姻，也不是孩子，而是什么呢？

- **Interest——激发兴趣。**

"朋友小雅奉行'面包自己挣，爱情自己找'，是个非常独立的女孩。上下班路上、睡觉前，她总会抓住一切时间听书。从张爱玲到英国作家简·奥斯汀，从诗词歌赋到职场技能，小雅来者不拒，不断给自己充电。你以为这样的女孩会更受欢迎，不，她却是单位里的边缘人。"

这篇文案讲的是不同年龄段的女人的故事，看到这里大家肯定会觉得比较好奇了，为什么听书反而不受欢迎，成为单位的边缘人呢？这个就是故事的悬念，吸引你往下去读。同时作者文笔优雅，也能吸引你一直读下去。

- Search——搜索证据

“读书，就是一个女人拥抱未来的最好方式。在女性漫长的一生中，我们可能会经历很多角色，从女儿到妻子，到母亲，到奶奶，每个角色所赋予的意义是不同的。年轻时，读书让你触摸到更大的世界；成为妈妈后，和孩子一起读书进步；年长后，读书成为你一生的底气。一个女人最好的状态，不是美貌带来的自信，也不是其他人给予的安全感，而是心藏诗书。一直提倡自我成长的有书，今天联合洞见，特地推出一份专属于女性的书单。从女性情商沟通、爱情婚姻、家庭理财、气质养成、生活保养、职场等 10 个维度，精选 100 本适合女性阅读的经典好书。”

这篇文章告诉你读了书之后会变成什么样子，给你许了一个个美好的愿景，然后列了书单出来。这时候你会因为好奇而去搜索：这些书是什么内容？我需不需要这些书？对于职场生活、爱情婚姻有没有帮助？

- Action——促进行动

文章设置了一些触发购买行动的福利，促使读者下单。比如限时特惠、打卡返现等。

- Share——触发分享

最关键的是这个 share 部分，为了引导读者分享，公众号做了一个读者互动：在留言区抽取幸运同学，免费送上这份“专属女性的书单”。

4P 模型（Picture，描绘；Promise，承诺；Prove，证明；Push 敦促）。这种文案结构能提供很好的愿景，从而让读者消费之后获得身份感，并感觉自己获得了提升。一般兴趣类、奢侈品类、化妆品类的文案用到这种结构的情况比较多。可以借助微信文章《他剑桥毕业，是英国外交部翻译，却为爱情来到中国，还把 62 岁老奶奶教成了英语达人》来进行进一步的分析。

· Picture——描绘

“记得小时候，在一本画册的背面，看到 26 个图像化的字母。那会儿刚刚上小学，连普通话都说不好。有一次，我指着 26 个字母问妈妈那是什么，妈妈说是英语……学英语十年，词汇量数千，但偶遇问路的外国人，秒变哑巴，憋不出一句话；课本里学到的表达，出国后发现老外根本不这样讲，甚至一脸懵懂，因为听不懂你在讲什么……每次交谈、面试、演讲、接待、出游……听到别人用一口标准、流利的英语侃侃而谈，只能羡慕嫉妒外加干瞪眼。”

开头的一句“小时候”，一下子就把你带入到儿时的回忆中，后面还有很多的场景，比如工作中遇到英语问题、出国之后发现英语真相、因为英语而导致的各种困扰，利用这些场景让读者觉得英语特别重要。

· Promise——承诺

“英语真的那么难学吗？事实恰恰相反——英语是世界上最容易学的语言，没有之一。联合国教科文组织多年前，就把多个国家的语言进行了学习难度分级，英语被列为最简单级别，完全可以3个月达到中级听说，6个月达到流利，比学习汉语简单几十倍！然而，就是一门这么简单的语言，好像无论我们怎么努力都说不好。你可能不知道，中国人在全球英语统考（雅思考试）中，连续二十多年全球垫底，口语成绩则经常全球倒数第一。我们花在英语上的时间数一数二，学习效果却倒数一二；我们有那么多著名的培训机构、厉害的英语老师、各种各样的学习技巧……为什么口语还是一塌糊涂？也许你会自我检讨，这是词汇量不够、没有语言环境、没有天赋……但其实，可能是因为你的英语，是中国人在教，你学到的都是"想当然"的中式英语表达。这一次，我们请到了来自英国剑桥大学，国际级同声传译，超级会说中文的英音男神克里斯·帕克，他独创的英语口语速成法，已经帮助上万人。在短期内，不看英语书，不背单词，不学语法，靠掌握关键句型和场景，就能轻松学会说一口地道、流利的英语。"

开头的反问句很巧妙：英语真的那么难学吗？然后自问自答：英语是世界上最容易学的语言，没有之一。大家可以注意一下，他在写创始人故事的时候，是不是用了我们前面提到的故事体模板。同样是标签先行，然后按照低潮、逆袭、成就、愿景来讲述创始人故事。

- **Prove——证明**

"来自英国南部牛津郡的克里斯·帕克，已经在中国生活了6年多，很多地方都留下过他的足迹，青岛留学，苏州工作，北京安家，还去过西安、成都、杭州、昆明、香港……而他与中国的缘分，似乎在他小时候就注定了。在读小学的克里斯，有一次在路上捡到一张纸片，上面是他不认识的东西。他将纸片拿回家，好奇地问妈妈写的是什么。妈妈告诉他，那是中文，一种很有魅力的语言。从此，“中国”两个字留在了克里斯的记忆里。”

接着，就要证明这位老师怎么能教好我们的英语。这位老师有一点很特别的，就是他学中文的时间很长，对中文掌握得很好，说明这个人是非常有语言天赋的，能够中英文自由地切换。

- **Push——敦促**

“独创‘场景+句型’的英语口语学习法。2016年，克里斯深入研究了大量中国人英语学习失败的案例后，开发了《终结中式英语》《跨文化交际》《每日英语电台》等在线英语教学课程，累计学习播放次数超过250万。帮助数万中国人改善口语和听力，大获好评。”

这里用了他自身的一个案例，就是用他真正的学习方法在告诉你，你是可以做到的，从而敦促你下单。在这个部分，文案是利用学员背书，教会一个62岁的高龄老太太说一口流利的英语的故事，然后还有一个痛点的提示，“怎么学了那么久还是学不会呢？”文案利用背书、学员故事、痛点提示、限时促销这四个方法，去完成最后敦促的部分。

ACCA 模型（Awareness，认知；Comprehension，理解；Conviction，确定；Action，行动）。这个模型一般适用于干货类文案，主要在于颠覆读者的行动认知。这个模型的要旨在于，消费者必须先认识到这个产品是存在的，接着要让他们理解产品的内容和功能，在理解之后，他们还需要有意愿去购买这个产品，最后是采取行动，真的掏钱购买。在认知理解这个环节，你需要把这个内容写清楚，关键部分在于行动，触发消费者确定购买是需要一些手段的，比如说权威、认知、送福利，或者是列数据、打折促销等。下面我们通过《从月光族到身家过亿，他说：想要不依靠死工资，你需要做这件事》这篇文章来解析这个模型。

- **认知 1：薪水低不可怕，可怕的是你不懂理财。**

生活在城市中的大多人都是靠薪水活着的。虽然，人们的薪水存在很大的差距，但往往他们都存在一个共同的感受：钱不够花！之所以出现这种情况的原因，很大程度上就是人们普遍都不会理财。

- **认知 2：好好工作等于好好赚钱吗?**

“然而我发现，很多人对于赚钱的理解，就是找一份高收入的工作。他们认为，只要工资高，财务自由自然就会实现。2015 年，我收到了读者的一封信，写信的姑娘叫迪娜，两年前从名校毕业，一毕业就进入了北京一家不错的事务所。关于两年花掉大部分工资这件事，她是这样分析的：

在高端写字楼办公，身边都是打扮入时、财富值爆棚的同事和客户。为了融入环境，她开始学习用‘贵’的东西来堆砌和打扮自己，并且越来越熟练。她开始习惯吃100多元一份的沙拉，来个人均800元的聚餐，买个四位数或五位数的包包……”

这里作者举了一个例子，就是收入很高，但消费层次也很高，陷入无法开源节流的困境。后面就到了理解部分，作者想要引导你思考一个问题：究竟什么是理财？理财就是拼命地存钱吗？

- **理解：理财的重要性。**

“理财就是拼命地存钱吗？我们讲的好好赚钱，指的是理财。我看过泰国的一则广告：一个小男孩看了宇航员登月的电视新闻，内心对天文产生了强烈的憧憬，因此他的梦想就是买一台天文望远镜。然而望远镜价格不菲，需要2500泰铢，这对于一个小学生来说，简直是天文数字。于是小男孩开始了艰难的存钱之旅。他需要抵御同学们吃冰激凌的诱惑，克制住自己买玩具的欲望，每天只吃咸蛋与白米饭。你是不是以为，小男孩通过省钱，最终得到了自己想要的奖赏？你错了。广告的结局是，小男孩终于存够了2500泰铢，他激动地跑到商店购买梦寐以求的望远镜。然后，广告画面在观众的猝不及防中伸出一只手，把望远镜的价格从2500泰铢改为3500泰铢。小男孩不知道的是，在大人的世界里货币每天都在贬值，想要省，是省不出多少钱的。而我们说的理财不仅仅是存钱，更准确地说，是建立属于自己的理财逻辑系统，通过打理我们的财务，实现主动收入，走上真正的赚钱之路。”

这里他讲一个故事，泰国广告片中小男孩存钱去买自己想要的望远镜，但是当他存够了钱，却发现望远镜涨价了。通过这个让人心痛的故事来引起读者认同“理财很重要”这个观点。

- **行动：建立理财逻辑系统。**

“很多读者跟十点君倾诉过，觉得自己又苦又累却还一贫如洗，和自己起点差不多的朋友同学却过得比自己好。其实赚钱这件事最重要的是抓住重点，用 80% 的努力换取 120% 的回报。理财，就是你最应该用心学习的事情。因此，十点君邀请十点课堂导师简七，一起出版了《好好赚钱》。这本书里，简七老师将帮你树立正确的金钱观，建立属于自己的理财逻辑系统。”

十点课堂在文案方面，会跟产品产生一个联系，用十点君的角度而不是用旁观者的角度来推荐这个产品，这样就显得比较有温度，文案看起来也比较走心。在文案的最后，同样可以利用文末促单的一些方法，促进读者下单。

第十章

开头：与用户构建强关系的关键

开头对于一篇文章的重要性仅次于标题及文章主旨。因此，在写长篇文案时，要记得在开头就吸引住读者的目光，这样才能吸引受众有欲望往下看。所谓“转轴拨弦三两声，未成曲调先有情”就是这个意思了。一篇绝妙的软文，至少要在开头就能留住受众，下面的内容才有可能被注意到。那么，什么的开场白才堪称优秀呢？其实有 5 个标准！

- 扫清障碍：不要“炫技”、不要表达欲过强，一开始堆砌一些专业术语，这就是满足了自己的表达欲而忘记了读者的需求。
- 宽进窄出：语言通俗简洁，刚开始要宽，受众要广，然后再拔高论据，受众慢慢变窄。
- 调动预期：你要在 30 秒之内给读者一个阅读身份，调动阅读预期。
- 开卷有益：有趣有料有理有情，四者至少具备其一。
- 心理暗示：撬动人的三个大脑：本能脑、情感脑和思维脑。

围绕这几个标准，我总结出来了长篇文案的 3 种开头写法和 7 个公式。

方法 1，情感点

每个人的心理都是抗拒说教，而叙事比较能够引起共情。用叙事引爆一枚情绪炸弹，引导用户阅读预期，再释放情绪，这里，叙事就是火药引子。所讲的事情可以是你自己的亲身经历，可以是朋友的遭遇，也可以是名人的趣闻。那么，总结一下，叙事类开头应该怎么写：

- **公式一：陈述事情和提出问题。**

  例如《八分饱，才是一个女人最好的生活状态》这篇文案。其开头是这样的："前不久，有个姑娘在网上晒出了自己的老公四年前和现在的对比照。四年前，老公还是一个帅小伙，时隔四年，再看现在的照片，简直"胖"若两人。网友们不仅感慨：真是一胖毁所有啊！生活中不乏这样的年轻人，工作三五年后，由于饮食不节制、缺乏运动，从原本清秀俊美的少年女士，变成了身宽体胖的大叔大婶。"

- **公式二：用对话开始，单刀直入。**

  例如《经济不好全民裁员，她凭什么被很多公司争抢，还破格升职加薪仿佛人生开了挂？》这篇文章。它是这样开头的："小 A 在微信上不停地给我发消息，就为了跟我说一句：有个公司出年薪 130 万，她要不要去？我回答，这就是单纯的炫富！”接着，这篇文章开始层层递进讲述小 A 的故事。

- **公式三：引用电影、诗词、话剧、电视剧的情节和台词来提出观点。**

  例如电影《重庆森林》里，用了一个故事开头：“我们分手那天是愚人节，所以我一直当她是开玩笑，我愿意让她这个玩笑维持一个月。从分手的那一天开始，我每天买一罐 5 月 1 日到期的凤梨罐头，因为凤梨是阿 May 最爱吃的东西，而 5 月 1 日是我的生日。我告诉我自己，当我买满 30 罐的时候，她如果还不回来，这段感情就会过期。”

没人爱听大道理，最好讲个小故事。从读者的角度，有情节性的东西是最没有阅读压力的。叙事型开头直接把与正文内容最相关的要素融入某件事情中，让读者有兴趣读下去。

方法 2，利益点

观点型开头，通常会以问句的形式。通过向读者提问，引导读者带着问题阅读后文。结构化写作的要点有四个：论、证、对、比。论就是结论先行，要高效沟通就需要将结论先说出来。

- **公式四：直接抛出论点。**

　　开门见山类型的开头，需要直截了当、直奔主题，毫不拖泥带水地将主题体现出来。在文章的一开始，就引出文中的主要人物、点出故事、揭示主题或点明要说的对象。先抛出论点，甩金句、名言、台词、歌词等，然后通过举例论证讲故事进一步阐述观点，最后结尾画龙点睛。以怀左的《优秀的人，凭什么要和你在一起？》为例，其开头是这样写的："一直有一个这样的问题，'为什么优秀的人总是不合群？'网上最经典的答案是，'优秀的人也合群，只是他们合的群里没有你。'"发人深思、一针见血的句子，被称之为"金句"。在文章开头放入金句，可以直击人心，最能抓住人。

- **公式五：摆出利益点。**

　　该公式多用于干货类文章，通过简单的提问引导读者阅读预期。在运用该公式时一定想清楚文章是要帮助谁解决哪些具体问题。

例如，“一只特立独行的猫”的《你怎么过一天，就怎么过一生》一文是这样开头的：“算起来从我大三实习开始到今年，我已经进入职场十年了。虽然自己不够出类拔萃，但周围总是会有那种三五年当上总监，十年当上董事总经理的人。偷偷地看看他们的日常，不得不说，人与人之间的差距，就是每天拉开一点点。今年豆瓣日历的第一句话叫作‘你怎么过一天，就怎么过一生’。作为首页的开封语，给人当头一棒。”

直接抛出论点或摆出利益点时，一定要快速切入中心，用朴实语言将自己所要表达的内容直接摊开来给受众看。如果文案的主题或者事件本身就不吸引人，或者所谓的利益点缺乏足够吸引力，那最好还是不要使用该公式。

方法 3，兴趣点

社会上，每天都会有很多热点事件诞生。这些事情之所以成为热点，很大程度上是因为它们触发了人们的关切或者引发了人们的兴趣。如果你的产品能够与这种关切和兴趣发生关联，那么围绕产品的文案也可以从这个角度切入。当然，很多时候，产品可能和热点事情之间缺乏关联度，这个时候，文案工作者可能需要围绕受众的其他兴趣点来形成文案。

- **公式六，借助内容上的兴趣点。**

  加多宝和王老吉围绕商标权的官司曾引发了社会的广泛关注。作为社会热点的当事人，加多宝和王老吉为了强化大众的同情，都充分利用这种局面，并撰写了自己了文案。加多宝率先开启了自己的宣传攻势："对不起，是我们太笨，用了 17 年的时间才把中国的凉茶做成可以与可口可乐比肩的品牌……"王老吉也分分钟进行了回击："没关系，是我们太'囧'，费了 17 年的时间才懂得，祖宗留下中国的凉茶需要自己细心经营……"

- **公式七，利用形式上的兴趣点。**

  对于普通人而言，对于那些有悖常理的事情往往存在着极大的兴趣，这类事情包括反常、不合情理、不合逻辑、不合语言结构、不合日常习惯等具体情况。例如，“这个没有上过一天大学的中专生，成了公众号运营专家，月入10万，而他的成功可以复制……”

如果受众对文案所涉及的产品没有非常急迫的购买意愿，那么文案本身是否有趣就非常重要了。有趣的文案能够帮受众创造一个更专注的决策空间，从而让受众能认真地考虑自己对于产品的需求。显然，开头是否能够直接抓住受众的兴趣点对于文案能否达到预期效果，起到了决定性的作用。

第十一章

文末成交：清理用户决策所遇到的各种障碍

文案的结尾即随文，又称附文，其核心内容主要是向受众呈现企业名称、产品购买方法、接受服务方法等附加性信息。

好的文案讲究凤头、猪肚、豹尾，前呼后应，既然文章前半部分可以说是“犹抱琵琶半遮面”，中间渐渐撕开产品的真面目，那结尾处就必须有一个升华，即推荐产品的部分。下面四招，教你如何打消读者顾虑，轻松促进下单！

方法 1，心理账户

当妈后就会发现，大部分妈妈们给自己的孩子花数万元报学习班，眼睛都不眨，但是一旦给自己花钱投资，就要拼命计算。从消费心理学的层面，这种购买决策行为，被称作消费者的心理账户。

心理账户是芝加哥大学行为科学教授理查德·塞勒在 30 年前提出的概念。塞勒认为，人们在决策时都有两套算法，一套是经济学算法，一套是心理学算法。所谓心理账户就是人们在心里无意识地把财富划归不同的账户进行管理，不同的心理账户有不同的记账方式和心理运算规则。而这种心理记账的方式和运算规则恰恰与经济学和数学运算方式都不相同，因此经常会以非预期的方式影响着决策，使个体的决策违背最简单的理性经济法则。

也就是说，此 1 块钱非彼 1 块钱，想让消费者埋单，你需要给他一个更容易说服自己的理由。比如，我们会把工资划归到靠辛苦劳动日积月累下来的“勤劳致富”账户中；把年终奖视为一种额外的恩赐，放到“奖励”账户中；而把买彩票赢来的钱，放到“天上掉下的馅饼”账户中。心理账户分类很细，也很自由，在运用心理账户时，有 4 种方法。

概念转换。从不太容易付费的账户，比如消费账户，引导到相对容易付费的账户。“699 元的课程相当于一次酒吧聚会”，这就是用了转换心理账户的技巧，将学习账户换成娱乐账户，让用户从自己吃喝玩乐的心理账户中取出699元用于买课程，心理上就觉得没那么贵了。其实文案大师奥格威在20世纪就会用这一技巧了。他曾经为英国奥斯汀轿车撰写过这样一个文案："我用驾驶奥斯汀轿车省下的钱送儿子到格罗顿学校念书。"这则文案本质上用到了转换"心理账户"的技巧，将家庭支出账户划分到孩子的教育账户，用户会产生一种省点钱就能换取孩子更美好未来的心理。

创造收益。让用户更关注自己的进项收益账户，比如同样是要花出去300元钱，如果你把花掉的钱换算成自己节省的时间和精力，或者自己在职场上增值多少，那么你的购买行为就会产生变化。

项目打包。消费者每次付费的时候，都要经过一定的思考，而这其实构成了一种成本，比如酒店里面有一些特别的服务会产生额外的费用，例如换洗衣服等，如果将这些都打包到房费里面，而不是每项都单独收费，用户就会更容易接受。也就是说，文案工作者要尽可能降低用户的决策负担。

推销治愈型产品，而不是预防型。《文案训练手册》的作者约瑟夫·休格曼教授将产品划分为治愈型和预防型。与预防型的产品相比，治愈型产品定价可以稍微高一些。在写文案的时候，要强调一款产品的治愈性因素，比如瘦身、减肥、美容等作用，将用户花掉的费用划入到治愈型账户中，就能达到事半功倍的效果。例如，假如你要卖一款新品牌防皱霜，你可以直接将它定义为一种治愈型的产品。如果你有皱纹，你就是这种防皱霜和防皱治疗最好的目标客户。它们代表了治愈，而不是预防。

方法 2，游戏化设计

爱尔兰剧作家萧伯纳说："不是因为我们老了就停止了玩乐，而是因为我们停止玩乐所以才会变老。"

很难想象有一天，你的文案因为太无趣而遭冷遇，但这种情况正变得越来越普遍。为什么喜茶、江小白、没希望酸奶、网易云音乐的文案能够火爆全网？因此这些文案充满了自嘲和颠覆性。"丧茶：如果你觉得自己，一整天累得跟狗一样，你真是误会大了，狗都没你那么累！""丧茶：不加糖就没法喝，是吗？没有梦想，你不照样好好活着？"

人们都钟爱有幽默感的文案，因为心理学家早已证实，我们的生活中有两大根本驱动力：追求愉悦和渴望征服（引自澳大利亚心理学协会主席鲍勃·蒙哥马利博士的著作《成功与动机的真相》）。

幽默的语言和有趣的行为（游戏）能让人分泌多巴胺，产生极大的愉悦感，这是大脑的奖赏机制。当人们参与一项能够带来奖赏的活动时，大脑会兴奋起来，因为它期待获得奖励。这种机制源自渔猎时代，它推动人类不断狩猎以获取食物，心理学家把它称为"多变性的正向增强"。

在文案的末尾进行游戏化设计，指的是运用游戏的机制与结构，在特定情境下把一件事情变得参与性更强、更有乐趣且更有吸引力，最后的结果就是人们的行动力会大幅提升。游戏化设计常见的有4种模式：

- 物件的玩乐（比如提醒用户凡是参与活动就能获得一件玩具、礼品等）
- 身体的玩乐（比如耐克的Nike+和阿迪达斯的miCoach让人变得健康和热爱运动等）
- 角色转换的玩乐（想象力、心理学课程）
- 社交玩乐（人与人的合作，文案人常用策略）

网易云音乐、知乎等App曾经在地铁投放了大量对话式文案，以塑造自己的品牌形象，但是并没有让用户游戏化地参与进来，因此这种文案的效果就会大打折扣了。大部分人可能对这样一款产品产生了印象，但最终是否会去下载并使用就不得而知了。

是不是所有品牌都可以运用游戏化设计来说服用户购买呢？其实并不是的。这种方法适用于那些可以循序渐进看到改变的产品，例如减肥、养成运动习惯等，都属于这类行为。而一次性的行为改变，比如让人去购买某品牌的冰激凌，就不属于此类。

方法 3，赋予实用技能

想象一下，你穿着一套高级西装套裙正准备去面试，突然觉得口渴，眼前有两种罐装咖啡可以选择：A 能打开一个大开口（你可以喝得很快），而 B 身上附了一根吸管，顶上有一个吸管容易穿透的小孔。此刻你内心的顾虑是千万不要弄脏自己的衣服，那么，你会选择哪一罐呢？显然，大多数人会选 B——即使它更贵。因为附加的吸管使得你既可以喝到咖啡又不用担心弄脏西装，所以该产品对你而言变得更有价值了。

什么情况下，即使有的产品价格更高，但消费者仍然愿意购买呢？有一个非常直观的算法，我们可以用下面这个公式来衡量这种情况：价值＝达成自我目标的能力 / 价格。

心理学家巴登说过："一个品牌与消费者的某个特定目标越有相关性，消费者就会对它的好处有越高的预期；对好处的预期越高，他们感受到的价值就会越大；感受到的价值越大，他们就愿意支付更高的价格，或者愿意花更多的力气去得到这个品牌。"也就是说，如果某品牌能够赋予消费者的能力越大，其产品的价值就越大，这其实就是一种品牌溢价。

人类生活中有两大根本驱动力：追求愉悦和获得成就感。幽默感和游戏化的文案可以让我们分泌多巴胺产生愉悦，但是只有愉悦并不会让人们满足。人们还渴望成就感，比如克服障碍、缔造纪录、接受挑战并战胜它。

获得成就感包含了内在的驱动力，比如自豪感与满足感；还包含外在的驱动力，比如金钱和地位。《用户思维》这本书讲到，关键问题不是“什么吸引用户前进（购买）”，而是“什么让他们停了下来”。在创作文案时，不要去强调“激发他们前进的磁铁的吸引力，更大的折扣、更多的好处、更强烈的诱惑”，而是要帮助他们扫清障碍。因此，文案应该帮助消费者获得某些实用技能，进而提高消费者的自我效能感以及挑战全新可能的信心。

太遥远的承诺是无法让用户真实体会到进步感的，因此你需要给予他们一些贴近普通人的实用性技能，让承诺落地。文案可以这样写：

- 描述前进路径的简易指南，例如指导手册、准则等，帮助消费者了解自己当前所处的阶段。
- 大胆地鼓励消费者去练习、试用产品。
- 提供一些想法和工具，帮助他们尽早、尽可能频繁地应用当前掌握的技能，比如时间表、路线图……

文案如果能让消费者有很强的收获感，让他们自认为接触到了新的知识，学会了新的技能，那么他们就会更相信文案的内容。

方法 4，亮出证据

随着互联网的蓬勃发展，人们每天可以接触到各式各样的信息。这些信息不但有真有假，而且还会经过各种由利益构成的过滤网的过滤。面对这种情况，由于缺乏必要信息，所以消费者的决策难度会大幅提升，因此他宁愿用不作为的方式来规避无法判断的风险。从另一方面而言，人类的本能又是偏向懒惰的。大多数人在做决定时都喜欢走最快的路径，因为这么做就用不着费劲儿了，可以免除思考的“痛苦”，也不需要考虑所有庞杂的细节。如果能很快做出决定，那么人们就能去做更有趣的事情。针对这种情况，文案工作者在提供相关信息的时候，一定要尽可能减少消费者的判断负担。

那么大脑最容易相信什么呢？没错，是直觉。在《直觉思维》中，作者格尔德·吉仁泽发现，直觉依靠无意识的经验法则，它是进化后的大脑所固有的。比如，“思维解读启发法”告诉我们其他人的意愿，“认知启发法”让我们感觉该信任哪一种产品，而“注视启发法”引导我们往哪个方向跑。也就是说，直觉是我们所经历和体验的东西，是人类进化的表现，这些经验在大脑中左右着我们产生购物冲动。

信息是公开的，而信息背后的动机则是让人难以捉摸的。尼尔森《2015 年全球广告信任度调查报告》显示，在促成消费者购买行为的诸多因素中，朋友推荐排名首位。显然，买家和卖家之间天然处于“零和博弈”的对局中，因此卖家或与卖家有密切关系者所提供的信息都存在难以捉摸的隐含动机，而朋友之间却不存在这种对立的位置，因此他们给出的信息能够有效降低消费者的决策成本。显然，在撰写文案时，文案工作者一定要尽可能运用与卖家不存在瓜葛的信息，从而降低消费者的顾虑。这种信息包括事实、数据、权威观点、陌生买家的评论等。

权威观点。利用权威来为产品背书是文案初学者必须掌握的技巧。由于人是社会性的动物，因此人们一般都很尊敬医疗机构、国家机构和科研机构等权威部门的意见。当然，并不是所有的新产品刚研发出来就能获得权威机构的认证，此时文案工作者可以用一种转嫁的方法，比如权威附着（与行业中的龙头企业的对比）、缔造权威感（运用自己创造的衡量标准，例如美素佳儿的“天然营养锁留系统”的标识）。

用户口碑。《绝对价值》这本书强调了一种观念：互联网时代，决定消费者购买动机的是商品的绝对信息。在传播渠道比较狭窄的时代，商家往往只专注于发布自己最想发布的信息，从而使得大量其他信息被遮蔽了。从某种意义上而言，商家既规避了这些信息可能对自己造成的不利影响，但也错失了从这些信息中获益的机会。在网络时代，很多工具都附带了媒体属性，消费者在点评网、搜索引擎和社区贴吧等地方都很容易查到该产品的绝大部分信息。显然，如果文案工作者能够主动地运用消费者的口碑，就能说服新消费者相信自己给出的其他信息。使用客户评价时需要注意几个要点：

- 采用第三者（使用过产品的消费者）客观评价，而非产品研发者给出的证据，它传达的信息就跟一名心满意足的顾客所传达的差不多。
- 反馈评价越多，说明产品热销，实际效果越大。展示数十张相关的照片，就能让读者对你所提观点的可靠性与确定性产生非常正面的看法。
- 采用实名制比匿名更有效，因为实名口碑对普通人的直觉思维影响更大。
- 刊登用户的照片，将它们放到你的广告宣传册、推销函和网站上。如果照片能反映消费者使用产品后的变化。那么效果就最好。

数据证据。文案工作者可以说服商家通过自己的方式去验证产品或服务的卖点，让信息可信、可验证。以《花了 3 个月从 N 款蜂蜜里评测出成熟无添加的一罐好蜜，你来尝尝吧！》这篇文案为例，这篇文案运用了大量的科学检测方法，对比 9 种品牌蜂蜜，从观色、看态、闻香、品味、专业设备检测波美度和水分均有数据展示，综合评分 8 号蜂蜜最佳，更厉害的是后面送检之后检测得到的淀粉酶活性含量远远高出普通蜂蜜，让用户瞬间觉得该产品稀缺、靠谱。这些全部是作者亲自检测或者亲手送去专业机构检验的结果，因此看起来特别真实。《好文案一句话就够了》书中列举了许多案例，我总结了关于数据展示的几个要点：

· **1. 呈现精准的数字提升顾客信任度。**

普通：许多顾客购买之后，表示相当实用。

改进：购买此商品后，有 91.3% 的顾客表示相当实用。

· **2. 利用性别反差、年龄反差、收入反差等数据。**

普通：适合夫妇一同观赏。

改进：妻子的共鸣程度 98%，丈夫的反省程度 95%（电影《60 岁的情书》文案）。

· **3. 将抽象的描述数字具象化。**

普通：便宜又方便的滤泡式咖啡。

改进：一杯咖啡 3 元钱！

对比论证。中国人讲“眼见为实”。产品的效果如果能直接以视频或图片的形式表现出来，那么消费者就会更加信服。这就要求文案创作者必须具备很强的广告思维，能够在撰写文字的时候，综合考虑视频和图片等元素的运用。在《野兽生活 × 中粮 | 瓶装防弹咖啡正式发售！提神减脂更强力，限时优惠 60 元》这篇微信文案中，除了常规的成分检测，作者还提出了“重新定义你的早餐”的口号，并用比较法展示了普通“防弹咖啡”与能量瓶子的血糖曲线对比图。同时，作者还用视频展示了这

款饮料的开发过程，让消费者亲眼见识了该饮料含有大量的健康油脂、乳清蛋白，还添加了膳食纤维和L-茶氨酸。这不仅意味着产品成本高出同行好几倍，而且在配方工艺上也存在着巨大的挑战。

转化篇

- 掌握4种方法，轻松拿下标题这个“制高点”。不能在激烈的内容竞争中赢得用户的注意力，一切就都是空谈。
- 3大要素强化文案的传播力度。能广泛传播得文案，才可以为产品赋能。
- 两大路径，5种武器，彻底引爆文案的销售力。

在任何文案最终出炉之前，文案工作者最好考虑一下两个问题？

第一个问题：如果没有图片设计，文案能不能直接使用？如果有设计的话，是不是能够更加分？

虽然这关乎每家公司的具体流程，但文案工作者的必备素质就是，即使没有图片，光文案就应该能独立发生作用。文案可以有设计图加分，但文案不能只想着靠设计图，文字本身就应该能描绘出美好的场景。只要念出文案、看完文案，消费者就应该有消费的动机。

第二个问题：如果把文案里的产品名称换掉，还能从文案中看得出是自家产品吗？

假如文案是一道门，而在这道门上挂上别人家的门牌后，进出这道门的人毫无变化，那这是一则万用文案，但绝不是好文案。文案背后是思想和策略，写出来的文案要有你的特色与风格，并且能够完成你的策略任务，这才是好文案。

另外，任何一篇文案都不可能囊括所有的元素。当在文案策略、模板、话术等组合方式时，你可以基于不同的组合方式形成 A/B 两篇文案。然后，你可以在不同的渠道做数据测试，观察打开率、转发率、点赞数、阅读量、成交率等综合数据。

第十二章

打开率：好标题才能赢得用户的注意力

小测试：下面这几篇文章，你会打开哪一篇？

A.《摩拜创始人套现15亿：你的同龄人，正在抛弃你》

B.《盘点！2018年十大刷屏级广告案例，顶你看十本营销书！》

C.《博物馆抖音奇妙之夜》

D.《盛大开业！鑫东城品牌玻璃八折促销！》

对于上述测试题而言，我想，应该没有人会选择D——赤裸裸的广告。经历了一个世纪的广告轰炸，商家们早已深谙《定位》《蓝海战略》中“寻找蓝海、寻找品类、独占渠道、占领心智”的传统营销手法，而受众则对已经有了极强的抵触心理。

广告界前辈大卫·奥格威、约翰·卡普斯和丹·肯尼迪等曾经创作了大量广告，他们从阅读量、咨询量、优惠券使用量和销售额等数据中发现：有几种类型的标题表现格外出色。他们将这些强力标题类型总结了出来，并将之运用在文案撰写的实践中，结果文案的阅读量常常比平均值高出30%。

从上学刚接触作文开始，老师就常告诉我们“题好一半文”，意思就是说一个好的标题就等于一半的文章内容了。圈内流传一句话，每篇“爆文”都是对标题的死磕，做新媒体最重要的能力，就是取标题。用心取一个名副其实的好标题，其实是一种美德。

好标题的标准是什么？只需要做到以下12个字就成功了一半：

言之有物、与“我”相关、展示利益。**好的文案标题 = 与我相关（I，我）+ 展示利益（B，benefit）+ 言之有物（M，matter），这可以简称为 IBM 原则**。换句话说，能用数字就一定要用数字说话，能用疑问反问质问就不要平铺直叙，少用结论型标题，多用社交型标题，能简单干脆就不要长篇大论。根据前面提到的行为科学 DISC 原理，针对四种不同的目标人群，文案标题往往可以分为以下四类。

结果型标题（D）。这类标题的特点是直接在标题中给出承诺，进而吸引消费者阅读。这种承诺可以是物质方面，可以是关乎身体的健康的，也可以是精神方面的。塞缪尔·约翰逊曾说道：“要在众声喧哗中凸显自己的广告，同时创造能够带来收益的回应，任何直复营销都必须做出一个重大承诺。”该类标题可运用的范围也很广，适用于大多数的商品和服务，比如《总是存不下来钱？学会一招，让你摇身变为理财达人》。不过，要注意的是标题中的承诺一定是真实的，不然就有欺诈的嫌疑。比如《人人都能赚钱的投资术，一年保证涨 100 倍！》这种标题就明显就违反《广告法》的规定了。

社交型标题（I）。社交型标题的特点是通过提问、设置悬疑等方式嵌入转发因子。例如，在广告标题、杂志文章或书名当中，“如何”这个词都有其神奇效果，市面上有超过 7000 本书以“如何”为书名。很多文案写手相信只要把“如何”放进标题里，那么标题再差也差不到哪里去。每当文思枯竭，文案工作者可以先在纸上写下“如何”两个字，接下来的句子往往还挺像样的。另外，设置悬疑也是一个不错的方式，比如《国内天价护肤品上市就被抢购一空，谁在背后做推手？》《一个故事和10亿美元的秘密》等。反问也往往能够取得出其不意的效果，比如《优秀的人，凭什么要和你在一起？》

同理心/情绪化标题（S）。《传播：流行何以产生》一书的作者、美国沃顿商学院市场营销学教授乔纳·博格发现了一个有趣的现象：在网络及社交媒体上，阅读次数最多的内容（包括文章、图片和视频等）和分享次数最多的内容是不同的。出于好奇，博格和他的同事一起，对“分享”这一现象进行了研究，他们发现，表达积极正面的情绪，更容易获得社会认同，所以人们都会不自觉地网络上表现得更积极向上。最终，博格和他的同事总结出了实现“病毒”式传播的6个法则：

- **社交货币（Social Currency）**：人们为了提升自己的好形象而分享。比如分享“逆袭”故事类的文案能彰显分享者自己的抱负。
- **促因（Triggers）**：我们分享的事物总是脑袋里最先想到的。
- **情感倾向（Ease for emotion）**：当我们关心某一事物的时候，我们就会分享它。我们越关心一件事物，或是越有共鸣，我们就越有可能分享该事物。比如能够触碰人们喜怒哀乐的文案。希望借助此类文案，倾诉自己内心的想法或表达自己的情感。
- **公众（Public）**：其他人都在分享的事物，我们也更倾向于分享。

- **实用价值（Practical Value）**：人们愿意分享实用信息帮助他人。
- **故事（Stories）**：人们喜欢分享隐含在故事中的事物。

数字型标题（D）。针对比较理性的消费者，有数字证据的标题最符合他们的胃口。因此无论是励志类文案还是干货类文案，文案工作者都可以通过带有数字的标题来引发读者的兴趣，比如《从现在起，培养5个获益终生的思维习惯》《我花2000元买来的8段话》。当然，只有数据还是不行的，它们必须要经过精炼、化整为零，而且加入形容词副词等进行烘托。在运用该类型标题时，请记住4个要点：

- **要有对比和反差**。例如：《3岁上小学，12岁拿到15所美国大学录取通知书，这样的孩子如何培养的》。
- **用数字制造稀缺感**。例如：《景甜每天就多花3毛钱，却秒杀了你上千元的化妆品和洗脸仪》。
- **数字要精练并化整为零**。例如：《我花了10万买了这10张PPT》。
- **加入形容词、副词等烘托氛围**。例如：《工作10年积累的坏习惯，让我创业损失了200万》。

第十三章

传播力：如何为文案装上持续扩散的引擎

前面我们讨论过，在社交媒体时代，尤其是机器算法出现之后，内容会源源不断根据用户的喜好自动推荐，最后的结果就是“内容休克”。显然，内容营销的难度会越来越大，用户的注意力已经成为“兵家必争之地”。文案工作者需要了解舆论世界的规律，找到真正促进“传播”的因素，并将之嵌入到文案中。

在《弱传播》这本书中，作者邹振东教授总结出来现实世界和舆论世界之间的反差，并提炼出舆论世界中决定传播广度和深度的4条规律：

- **弱定理**：舆论世界是强肉弱食的传播世界，现实中的强者要在舆论中获得优势，必须从弱者中汲取舆论的能量。比如“今儿咱老百姓，真呀真高兴”就比“今儿我当干部了，真呀真高兴”传播得要广。其通俗的表达是：现实中的强势群体就是舆论中的弱势群体。
- **情感律**：舆论世界是情胜于理的传播世界。在舆论世界里，情感占据着主导地位。情感是媒介，也是能量。比如某明星结婚可能就会比某重大科研成果发布会更加具有传播性，其通俗的表达是：舆论是不讲道理的。
- **轻规则**：舆论世界是避重就轻的传播世界。也就是说，现实世界不重要的东西，在舆论世界可能很重要。比如家庭中的闹剧可能刷爆网络，而诺贝尔奖的颁奖典礼的盛况却无人问津，其通俗的表达是：轻的东西更好传播。
- **次理论**：舆论世界是主次颠倒的传播世界。在舆论世界里，分布着主流舆论、次主流舆论、弱主流舆论、外主流舆论、逆主流舆论和反主流舆论等舆论形态。在舆论形态的谱系中，主流舆论是最不活跃的舆论，次主流舆论是最活跃的舆论。其通俗的表达是：过于正式的东西传播最不容易。

根据这个理论模型，我总结出来优秀文案的传播方程式 = 打开率 ×（转发因子 + 表达力度 + 搜索优化）。“如何提高打开率”在上一节详细讨论过，这里不再赘述。

要素 1，转发因子

在传统媒体占主导地位的时代，文案工作者可能并不用太过于思考传播的问题，因为只要投放的渠道足够广阔，那么文案一般就能够到达受众。然而，在新媒体时代，这种方法不但成本极高，而且效果也没有那么明显了。因此，文案工作者现在必须要考虑文案本身的传播力。

从传播学的角度而言，某些因素很容易感染公众，我把这些东西称为转发因子。如果文案工作者在撰写文案的时候，能够主动地在文案中融入这些因子，那么文案的效果肯定会有天翻地覆的变化。转发因子包括“情感易燃度”“认同感”“利他效应”“诱因”等。

情感易燃度。在阅读文章时，人们经常感叹，作者真是写到我心里去了，这就是“情感共鸣”。另一些时候，人们会觉得文章内容让自己愤怒或难受，而这则是“情绪感染”。笔者通常将情感分为：易燃点很低的情感（敬畏、兴奋、幽默、担忧、愤怒等）和易燃点很高的情感（比如满足感）。当心跳加快、血流加速的时候，人们就很容易分享。显然，如果文案工作者能触碰到受众易燃点很低的情感，那么就会产生“几何级扩散”的传播力度。在这方面，江小白的文案非常值得借鉴：“我把所有人喝趴下，只为和你说句悄悄话。我在杯子里看见你的容颜，却已是匆匆那年。”

认同感。美国宾夕法尼亚大学沃顿商学院市场营销教授乔纳·博格和凯瑟琳·米克曼专门对社交媒体的内容分享进行研究，他们发现了人们在社交网络上分享信息的动机："我们对其他人说话的时候，不仅仅是想传达某种交流信息，而是想传播与自己相关的某些信息。"也就是说，人们分享思想、观点和经验并不是无意识和无目的的，这其实构建自我认同感的一部分。很多产品的文案正式利用了这一点，将产品和特殊的地位、荣耀感等要素结合，从而将文案变成经久不衰的经典。例如，奥迪 A8L 的广告文案："权力控制一切，你控制权力。时间改变一切，你改变时间。真理证明一切，你证明真理。"另外，更专业的内容被共享的可能性更高，因为这些内容能提醒人们自己所属的群体，以此来划分哪些是自己圈里的人，哪些是门外汉，比如《这个厉害的绘图软件，让你的作品瞬间跻身国际大师行列！》

利他天性。有用的信息即使不具备趣味性也会被大范围传播，心理学家将这种情况归因于人们的"利他天性"。在自然选择过程中，有利他天性的生物更容易使他们的物种存活下来。利他行为是助人者对未来的一种投资。在服装、食品、日用品等快速消费品领域，销售文案通常都会附着在有实际内容的文章中，人们在转发这些文章的时候，就相应地扩散了产品信息。这类文案的例子包括《不同的水果如何用不同的方式轻松去皮》《适合白领吃的 7 种水果搭配》《不用榨汁机，3 招搞定营养果汁》《这个冬天就穿它，3 分钟轻松出门见客户》等。

诱因。文章里的思想和价值观需要栖息空间，这就是诱因。

诱因是人们很熟悉的且能频繁感受到的，就比如，说到夏天人们就能联想到喝冷饮，提起看电影人们就会想着吃爆米花。当然，并非所有的观点都有天然的诱因，如果没有天然诱因，就需要人为开发。曾经有一款面包莫名其妙地就火了，原来是因为它的名字叫“脏脏包”，而在朋友圈流中一直传播着“吃了脏脏包，脏活儿你全包”这句顺口溜。于是，女生们纷纷晒出老公买的脏脏包，这刺激了更多人去晒单和购买。显然，人们之所以购买这款面包，并不是因为面包有多美味，而是它在新语境中的意蕴。对于文案工作者而言，有些时候，可能需要跳出固定思维，从产品语境的方面寻找突破口。

要素 2，表达力度

未来，内容越来越冗杂，文案工作者想要争夺用户的注意力，就必须如知名专家克里斯·布洛根所说的那样："高水准的表达方式会让想法如一把钢刀一样锋利，突破认知上的层层屏障，让他人恰如其分地接受它的全部内涵。"什么是高水准？简洁，简洁，还是简洁！

多用短句这一技巧很好理解，短小精悍的文案显然比复杂冗长的文案更具节奏感、力量感。"别赶路，去感受路"就比"不要慌慌张张横冲直撞，用心感受沿途的风景"有冲击力；"我要的，现在就要"就比"我们不想等待，我们等不到明天，我们现在就要"更霸气；还有那句"打开车门就是家门"就比"坐上滴滴专车，送你一路顺风"更加俘获人心。

在传播学里，词语的力量感有这样的递减规律"动词>名词>形容词>介词、副词、拟声词"。在文案中多用动词，会让你的表达"动"起来。比如，日本作家夏目漱石问他的学生如何翻译"I love you"时，学生翻译成"我爱你"。夏目漱石说：日本人怎么可能讲这样的话？"今夜月色很好"就足够了。

于是，香港半岛酒店有一句很浪漫的非官方广告语："我一直想到你房间去看月光"（出自张爱玲的《倾城之恋》）。这句话没有任何花哨的词语，"看月光"三个字就足以表达一种男女之间"发乎情，止乎礼”的打招呼方式。

还有一些短文案之所以传播甚广，例如红星二锅头的“将所有的一言难尽，一饮而尽”“用子弹放倒敌人，用二锅头放倒兄弟”“把激情燃烧的岁月，灌进喉咙”，全新征途的“去征服，所有不服”，东鹏特饮的“年轻就要醒着拼”，因为其中的“一饮而尽”“放倒”“灌”“征服”“拼”等动词充满了有力量的画面感，象征着男性荷尔蒙，与产品属性相得益彰。

要素3，搜索优化

对于很多消费者来说，如今他们已不再只是被动地等待能够满足自己需求的产品出现。搜索引擎的出现，给予了消费者主动搜寻优质产品的手段。如果文案工作者很熟悉搜索引擎的工作方式和基本规则，那么就能利用这些来提升自己的文案出现在消费者面前的可能性。

关键词分类是搜索优化的方法之一，被广泛用于网站优化方案中。在搜索优化的技术中，关键词的选择一切工作的基础，所以只有对文案的关键词进行优化和分类，才能提高文案的被搜索到的机会。有的人会说关键词在文案中出现的频率越高就越好，也有的人会说关键词在文案中出现的频率越低越好，那么到底多少才合适呢？其实这就要根据文案的布局来定。不同的布局，关键词的数量也会有所不同。这里所讲到的关键词出现的频率，并不简单是一两个词，而是围绕行业以及网站的整体情况来设定。产品名称、行业名称、产品特征以及产品用途，都可以作为关键词使用。

很多文案工作者现在喜欢利用社会热点来充当关键词，因为热点是天然的流量入口，很容易连接到舆论的中心。然而，这种文案的转化率其实并不高，而且用户对它们越来越麻木。因此，在使用这种技巧的时候，文案工作者需要提高内容的质量和格调，进而让文章传播得更久、更广。

另外，还有一些文案工作者喜欢运用故事体文案。然而，过分地注重了故事的讲述，有的时候就会让人忽略了文案的本质。优秀的故事型文案应该紧紧围绕关键词本身来撰写，也就是为了这个关键词，特别打造一个故事。撰写者在脑海里时时刻刻都要有关键字的概念，任何一句话、任何一个点都要引导到产品上面去。

第十四章

转化率：没有销售力的文案就是闹着玩

商家经常会向文案工作者问一个问题："你的文案可以承诺转化率吗？"对于这个问题，我自己是比较头痛的。显然，客户当然应该关心文案的直接效果，但是决定转化率的并不仅仅是文案本身，这和整个营销策略、产品定位、价格因素都有关系。笔者自己总结了一个公式：**发售方程式＝转化策略 × 销售话术 × 传播率 × 复购率**。

用户越来越没有耐心，注意力越来越稀缺，这已经成为互联网时代不可逆转的事实。在这种局面下，唯有在战略（转化策略）和战术（销售话术）上双管齐下，提高沟通效率，让消费者快速了解产品或服务，才能让订单飞涨。

我们先认识这样一个模型——推敲可能性模型，来找到增加转化率的战略技巧，这是一种有利于顾客购买决定的思考方式。根据推敲可能性模型（Elaboration Likelihood Model，简称 ELM），改变人们的想法有两条路径：中央路径（central route）和外围路径（peripheral route）。二者的区别如下：

- 中央路径：利用逻辑、推理和深入思考来说服别人。
- 外围路径：利用愉快的想法、积极的形象或"暗示"所产生的联想来说服别人。

应该采用哪种方法，这取决于你的产品。外围路径鼓励消费者有意识地或无意识地聚焦于形象和"暗示"，进而调整或改变自己的态度和决定。相比之下，中央路径则鼓励人们在做任何决定之前——尤其是购买决定之前，认真思考广告的内容和主张。那么，购买你的产品所需的思考过程是哪一类呢？

表 5-1　改变人们态度的路径

产品所需的思考过程	具体做法
中央路径处理	大量灌输各种事实、统计数据、证据、证书、研究报告和历史档案，将它们融入你最有说服力的销售推广中
外围路径处理	在你的广告中添加色彩缤纷、令人愉快的形象，幽默或受人欢迎的主题，或者名人倡议等

没有转化率的文案就是闹着玩，文案的最高境界就是能够直接带来产品的销量，想做到这一点，通常要遵循 3 个步骤。

步骤 1：外围路径

为什么诉诸情感如此有效？情感的英文是 emotion，来自拉丁文“emovere”，意为“打扰、干扰”，它是能够击穿隔阂、与他人产生联系的最有力的方式之一。普林格尔与费尔德等学者在 IPA（广告从业人员协会）做了一项调研，在分析了 1400 个成功案例后，他们发现：偏感性路线的广告所创造平均利润的增长率是 31%，相对于偏理性路线的 16%，效果几乎翻番。如果传播方式结合了感性和理性，那么其创造平均利润的增长率是 26%。显然，偏感性路线占有压倒性优势。在撰写文案时，通常有 3 个小技巧能帮你充满发挥感性路线的优势。

归属感。人类是社会动物，有寻求归属感的强烈心理需要。属于和认同某个群体对人们的幸福至关重要。我们需要朋友、爱情，还有婚姻和孩子。加入各种社交俱乐部，参与各种社区活动，穿戴代表所属团体的衬衫和帽子，这让我们感觉自己被接受、有价值且举足轻重。这是人们与生俱来的需要，对于文案作者而言，这也意味着机会。你的产品是否利用了人类寻求归属感的需求？如果答案是肯定的，那就别光想着怎么描述产品的特征和优点了，至少要花同样的精力告诉你的潜在顾客：购买你的产品会让他们加入自己很向往的或与自己有相同理想和价值观的群体，抑或帮助他们表明自己不属于某个疏远性群体。

- **崇拜性群体**。人们希望加入的群体。吉夫花生酱曾经有一条文案："挑剔妈妈选择吉夫。"
- **联合性群体**。与自己有相同理想和价值观的群体。例如，阿迪达斯和唱吧的广告针对的是联合性群体："他们说'太粉了''太粗放''放肆''太浮夸'……众说纷纭，而你只需要回一句'太不巧，这就是我'。"
- **疏远性群体**。人们不想加入的群体。

形象塑造。如果文案工作者能够将产品和某种形象及身份挂钩，那么产品就能吸引特定的受众群，让他们感觉自己的形象符合这种产品，或者可借助这种产品提升自己的形象。比如有两瓶水质、味道毫无差别的矿泉水，但是宣传语和外包装不同。如果在参加高档聚会，你肯定会选择那种让自己看起来更有品位、更体面、更成功的品牌，哪怕它更贵，但是如果你是环保人士，那么你可能会选择那种公益或者环保材质包装的水。斯特克和博恩斯坦在《平衡理论》中提出，如果向消费者呈现"正确的"形象，那么拥有这些特征的人会为了让人注意他们的自我形象而购买产品，而那些不具备"正确的形象"的人会为了让自己显得拥有这些特征而购买产品。在形象塑造方面，有两个比较经典的技巧：

- **技巧 1**：重复使用通用句式"买了这种东西就拥有了什么样的人生"。例如，在《你嘴里的人生，就是你的人生》这篇文案种，根据不同的场景，写出了故事中主角因为不会说话错失了升职加薪、提升社交圈的小故事，告诉你“言值”是一个人有魅力的身份象征。

- **技巧 2**：暗示使用该产品可以引发别人的羡慕。有些明星会光顾某家餐厅，这时候文案工作者就可以在文案中写上“我在 xx（在此插入著名明星的名字）来过的餐厅吃饭”的口号。

低关注品牌效应（low attention branding）。在《如何让他买：改变消费者行为的十大策略》一书中，作者告知我们：动之以情是一种激励，主要是借触动强大的情感来激发行为。当你能动之以情时，人们的动机就会被强化。根据演化心理学家普拉奇克博士的总结，人类的主要的情感只有 8 种：喜悦、忧伤、信赖、讨厌、恐惧、愤怒、惊讶、期待。而且，负面情感远比正面情感来得重要，也就是说，负面信息其实更容易抓住人们的注意力。另外，心理学家普林格尔与费尔德发现，人类大脑不需通过认知就能接收情感性的信息，这种效应被称为“低关注品牌效应”。也就是说，可以完全不理睬是什么品牌，只要它打动了消费者，消费者就有可能产生购买欲。人类的大脑在受强烈的情感刺激时，很擅长“记录”这类刺激，留下记忆，并形成潜意识。潜意识能驱动人们迅速做出选择，进而重塑人们的行为模式。在生活中，让消费者反复购买的产品往往是因为它让人联想起了记忆中的情愫，也许是失恋时喝过的咖啡，生气时看到的电影画面，儿时向往的远方风景，或者旅行时的美好体验。其实，很多品牌并没有投入太多广告，就与用户建立起了强大的情感联系，比如Zara、H&M、名创优品、宜家、无印良品等。建立情感联系的最有效方式就是兑现你对用户所做出的承诺，在文案中展现消费者使用产品时的具体场景，勾起他们潜意识中的回忆与情感。

步骤 2：中央路径

除了我们前面提到的出示证据、权威转嫁、效果对比、实战数据等方法，还有 3 个小技巧能够帮助中央路径思考者梳理自己的需求，从而让他们产生购物的欲望。

正反面论证。每件事都有两个面，文案也是如此，你可以仅仅展示自己这一方的故事，也可以去探讨其他产品普遍存在的缺陷。《影响力》一书讲道：“人类的认知机制遵循着‘对比原理’，如果两件东西很不一样，人们往往会认为它们之间的差异比实际的更大。”这条原理可以用在文案中：先指出一般产品的问题，再展示己方产品的长处，自己产品就会显得格外好！

“冰激凌效应”。哈根达斯有一条广告语：“爱她，就请她吃哈根达斯。”这里的她可以是爱人、孩子，也可以是亲人、朋友等。在很多人的固有意识中，冰激凌是小孩子的专属，然而哈根达斯却通过文案颠覆了这个概念。于是，冰激凌成为人需要关爱与获得愉悦的象征。这就是文案的魅力！由此，冰激凌获得了全新的含义。

渐进式推进。要先承认消费者过去的选择是合理的，否则，消费者就会感觉自己受到了批评，并进而采取全方位的反击姿态。如何避免这种情况？你应该从分析消费者过去的选择有哪些可取之处开始，然后巧妙地将新信念嫁接到消费者过去的认知上。这样就可以利用消费者过去的认知，让他快速地理解你的产品。

步骤 3：销售武器

“价格安慰剂效应”（Price Placebo）。斯坦福大学的巴巴·希夫做过这样一个测试：在人们相信他们正喝着昂贵或廉价的葡萄酒的时候，使用核磁共振扫描技术对他们的大脑进行检测。他观察到了两组人的脑部变化情况。一组人被告知他们喝的酒价值 5 美元，而另一组人则被告知他们喝的酒价值 45 美元——其实两组人喝的酒一模一样。酒是一样的，两组人的脑部反应却大不相同：喝着“高价”酒的人的脑部与愉悦感相关的部分，如同圣诞树般，大片地亮了起来。他们不但相信杯子里的葡萄酒很高级，而且他们的大脑也进一步强化了这个信念。因此，如果你想要推广一个高端产品，价格就不要太低。价格越贵的东西，人们往往就越相信值得。虽然听起来有点奇怪，但事实上，把一个东西的售价提高，要比降价容易得多。让我告诉你为什么。如果一个你喜欢的产品有一天突然大降价，你会怎么想？你可能会猜，产品品质下降了，或者它卖得很不好。反过来说，同一种产品有一天涨价了，暗示的是它很受欢迎，以及需求量很高。这个现象被称为“价格安慰剂效应”（Price Placebo）。

“富兰克林效应”。你是否听过这样一个故事？美国总统本杰明·富兰克林，当他竞选连任宾夕法尼亚州议会议长时，他的一位政敌做了一次攻击他的冗长演说。富兰克林对于此人的演说非常不爽，但是为了改变政敌的态度，他采取了另外一种完全让人意想不到但有效得多的办法：他写了一封信给这位政敌，请他帮一个忙，希望能借他珍藏的一本很稀有的书。你应该永远想不到他会出这一招。这位政敌感到很意外，不过还是同意了富兰克林的请求，将这本稀有藏书送到了富兰克林家里。一周之后，富兰克林将书归还，并附上一封感谢信。这距离他们之间发生冲突其实没有多久。你猜结果如何？富兰克林在《富兰克林自传》里写道，在那之后，这位政敌的态度出现了 180 度大逆转，转而用“非常礼貌”的态度跟他交谈。不仅如此，后来他们变成了终生的好友。对此，富兰克林如何解释？“我曾经学过一句格言，当中的真理又一次验证在这件事情上。它是这么说的：比起接受过你恩惠的人，那些曾经施予你恩惠的人，更愿意再帮你一次。”为什么他要这样做？因为行动改变态度，快过态度改变行动。我们把这种情况总结为“富兰克林效应”，这个道理适用于各种场合。如果你能让别人投入点什么在你身上，他们会更喜欢你。如果想让你的广告转化率更高，就增加它的行动力和参与度。通过耐克的文案的变迁，我们就会发现，互联网改变了文案的传播路径。仅仅因为增加了多种互动方式的文案策略，耐克销售额就达到了 210 亿美元，成为世界上最大的运动品牌。

今天的耐克如何影响你的行为

- 让潜在消费者参与营销活动。例如超过500 万人下载Nike+ 的App，通过这个软件检视他们的跑步成绩；或是通过耐克运动手环，追踪能量的消耗。许多使用者都与朋友或在社交媒体上分享关于这两款工具的信息。
- 互动的户外广告牌，让消费者在社交媒体上发布的信息即时显示。
- 定期举办活动，例如“快乐跑”等仅限女性参加的活动，并创造专为社交媒体设计并吸引大家分享的好玩内容。

算账。当你让读者下单时，他心里就会隐约地出现一个天平，一边是产品的价值，一边是产品的价格。当他确定价值大于价格时，他才会下单。因此，在产品的促单部分，文案工作者可以帮读者算一笔账，让读者确定产品价值远远大于价格，并且非常划算。你给顾客算账，打消他的疑虑，告诉他每天一点钱就可以变美、变瘦、变健康、变聪明……算账的促单方式一般适用于家用电器等使用周期较长或单价较高的产品。如果是价格较高的产品，可以通过平均使用周期来分摊价格，如果价格优势不明显，则可以从相反角度，算一算产品可以为用户节省多少物资、时间、精力等。

- **算账方式一**：分摊费用。用产品价格除以产品平均使用寿命时长，得到每天或每晚的费用。通过“分摊”让读者感觉到省钱划算。例如，“这瓶精华液能用 3 个月，相当于每天 3 元钱不到就能做一次皮肤“医美”，轻松拥有光洁细致皮肤！”
- **算账方式二**：节省折算。可以分为财富维度和时间维度的折算。例如，“假设普通家庭每天平均用纯水 0.2 立方米，使用传统 1 ： 3 废水比的净水器，产生废水 0.6 立方米；使用 1 ： 1 废水比的净水器，产生废水 0.2 立方米，每天能节省 0.4 立方米，1 年可节约水费约 700 元。”
- **算账方式三**：对比优势。通过对比，来突出产品价格的划算。比如，一支 200 元的电动牙刷，假使只使用一年，每天也只是比用普通牙刷多花 0.5 元，却能省下一大笔看牙医的费用，何况一支电动牙刷，寿命何止一年呢？

提供售后保障。对于高度理性人而言，他们喜欢研究文案所展示的产品信息，而这样的人群占据消费者总体的 45%。很多好文案作者不明白，为什么自己的文案很有场景感、很“扎心”，产品卖点也写得新颖有趣，可是客户就是不埋单。其实，可能有一个很严重的问题被大家忽视了，那就是隐私。对于乐于分享的人，文案中只需要提供分享领券、组团降价、双人杀价等措施，他们很容易就自动传播出去；而对于那些涉及客户隐私的产品，比如内衣裤、卫生巾等，文案就务必要提供售后保障的承诺，保证不会泄露用户任何信息及提供贴心的使用说明书等。这些可以通过最直观的 Q&A 问答形式在文章底部给予郑重的承诺。

弹痕原则。我有一个学员麦子，开办自己的手账课每期都爆满，我很好奇，她既不是名师，也没有多少流量，为什么单价 599 元的高阶手账课程 还能一天就招收 100 人。当我看了她的文案被彻底折服了，原来她使用了大多数人都没想到的一招：弹痕原理，又称打钩游戏。让你的产品卖点像子弹一样砰砰砰地钉在用户的脑子里，最直观的方式就是视觉刺激，其招生文案全部应用打“√”的方式，非常清晰地对比了同等价位课程的优缺点，展示自己课程的卖点、时间节点、课程亮点和目标人群。我们在给另一位老师写理财文案的时候，开篇就用这种弹痕原理跟用户玩了一次打“√”游戏。我们罗列了不懂理财的诸多痛点场景，接下来在答案区域公布了用户得分所对应的结果，从而用户觉得非常有参与感。

除了文案结构上的技巧，还有一些文字上的技巧，也可能帮你增强文案的转化效率。

方法 1，将长句改成短句，重视语句的节奏。

砍断长句，通过拆分长句，使文章更清晰。保持文章内容清晰的方法之一，就是限制长句的使用，最简单的方法是把长句拆分成两三个短句。特别提醒一下：使用短句的关键并不是所有的句子都要短，而是基于长短句相的结合创造起伏变化的风格。短句蕴藏着强大的力量，千万别低估它的作用。某黑啤品牌的广告语如下：“黑与众不同。黑精致高雅。黑精明敏锐。黑坚定果敢。黑神秘莫测。黑性感魅惑。黑光滑细腻……”

没有好结构，就没有好文案。你的句子必须是一致的，你的用词必须是一致的。动词应该是用同一种时态。人称的单复数要明确清楚。全部要一致，不能混乱。经典的文案，往往采用一致的结构。那样，让文字更有力量，比如“多一些润滑，少一些摩擦”“品质在内，名声在外”。

另外，语句节奏明快，就容易进入大脑，让人留下深刻印象，因此，若想要写出令人难以忘记的文案，就必须重视节奏。“我来，我见，我征服”，这是盖乌斯·尤利乌斯·凯撒在泽拉战役中打败本都国王法尔纳克二世之后写给罗马元老院的著名捷报。因为内容简洁明快，所以该捷报才流传至今。“思考、哭泣、有收获！韩老白谈阅读的奥妙！”是不是很神奇，只要单纯将3个字词并列，就可以打造有节奏感的语句。

方法2，套用诗歌的意蕴和格式。

业界流传着一种说法：当代中国的诗人原来都去文案圈了。“网易严选”的文案读起来就朗朗上口，让人爱不释手。比如围绕“七夕”，“网易严选”推出了几种可以用来告白爱情的好产品：

我不是珐琅锅

是人间烟火柴米油盐的陪伴

是一粥一饭的温暖

我不是体脂秤
是两个人共同的爱好
枯燥的事情也有更多动力
……
我不是睡衣
我是每天的温柔陪伴
是一丝一缕都在说我爱你

方法 3，重复字词以加强语气。

依照某种模式重复相同的字词，语言的意义就会变得更复杂，而其所蕴含的力道也会随之增加，比如“好的东西就是好”“不过是文案，就只是文案”“因为喜欢所以喜欢”。井重里先生在 1989 年为西武百货所撰写的广告文案，就是使用了重复相同字眼的手法：“我有想要的东西，好想要！”

后记
全职妈妈如何成了新媒体广告公司的老板

你是否曾经也有这样的困惑：朋友圈一夜之间都被刚毕业几年就买房的“90后”霸占了？为什么学历比你低、职业经历短、没有资源的人，也能靠副业赚上百万？为什么别人学习一个技能后可以很快变现，自己累得半死也还是原样？也许这篇文章能揭开困扰你的疑惑。

01

曾经穷得要卖掉婚戒，老家房子成了压垮她的最后一根稻草……

“把婚戒卖掉，还可以凑一笔钱还房贷！”这不是她的脑海里第一次闪现这个念头。

记忆拉长至4月前，在阴雾笼罩着的冬季，她整个人昏昏沉沉的，状态不太好。虽然她已经做了一年的自媒体，但仅仅签约了十点读书，而且上稿率非常低。自己的公众号做得不尽如人意，而报的一大堆培训课，都堆在手机里发霉了。

记忆再回溯到4年前，她因为怀孕离职。就这样，原本硕士毕业、薪酬优渥的她，一夜之间就从别人家的孩子变成了每天为自己的孩子把屎把尿的大妈。这种人设的转换让人接受不了。

于是她开始整夜失眠，脾气变得越来越暴躁，身材也开始走样。焦虑、失望、迷惘，各种情绪轮番折磨着她这个新手妈妈。孩子似乎也在“配合”她那糟糕的心情，总是反复生病。这一切都让她心碎到不能呼吸。她犹如受伤的困兽，独自待在井底，非常易怒又渴望重见天日，还给自己贴上了产后抑郁的标签。

过年回娘家的一次经历让她受到了深深的刺激。因为自己好几年没有收入，她的亲妈在很多亲戚面前抬不起头。另外，在破破烂烂的50平方米的小房子里，一家人已经挤了十几年，连多买一个垃圾桶都嫌占地方，而作为唯一的女儿，她却没有丝毫能力庇护母亲，报答母亲的养育之恩。那一刻，她最后一道防线崩溃了。

02

公众号写作两年，她不敢告诉朋友月收入多少……

在无数个黑夜里，她开始鼓起勇气靠写作疗愈，一点一滴记录生活。在简书，她的文章的阅读量一次次破万，受到一拨拨陌生人的鼓励和推崇。

她在地产公司写了4年文案，再加上身为中国作协成员的老爸对她从小的言传身教，于是她萌生了一个梦想，自己做一个公众号，发表文学作品。

跟大多数人一样，刚开始毫无起色，她不敢告诉朋友们赚了多少钱，只能羞赧地说自己为梦想打工，谈钱多伤感情。对于写作，她是有极大的热情和天赋的，但是，绝大多数人都没有达到拼天赋的地步。于是，在锚定文案写作的目标之后，她“开挂”了！

她一口气报了3个学费超过10000元的线下写作学习班，14个线上写作班，花费50000多元，买了市场上几乎所有的价值近5000元的文案书，逼自己在文案的道路上一骑绝尘，“甩开小白们一万条街”。她有时候一天接3个文案，不管稿费多寡，甚至有时候没有稿费，就算不吃饭也要当天写出初稿，一天重写3次，修改10来次都没有一句怨言。她一天要帮学员改稿子数十篇，拿着“手术刀”，庖丁解牛般大刀阔斧地删繁就简、添火加柴，让学员看到修改后密密麻麻的红字感动（憎恨）到痛哭流涕。

30岁的她，从已到职场天花板的景观设计师，到全职妈妈，再转行做自媒体，整整花了700多天。她一刻不停地抒写人生，并坚持下来了！

她就是韩老白，江湖人称“爆文白”。

后来，她陆续签约了十点读书、富兰克林读书俱乐部、樊登读书会、今日头条说书稿撰稿人、百度问答等平台，同时身兼7个平台的写作任务。春节期间，当所有人都在狂欢时，她却在疯狂地写稿，连续在凯叔讲故事、富书、十点读书等平台上发表了10余篇爆款文章，获得了“稿费之王”的称号，为此还接受了富书的专访。

现在的她，再次参加同学聚会，仍然不敢告诉别人自己月收入多少，怕遭人嫉妒，因为她靠赚的稿费在武汉买了一套房！

03

写了 300 多篇文案之后，练就杀手气质……

事情缘起于 2018 年的一次饭局。由于刚加入中国著名的知识 IP 大本营，所以她拼命在社群里“刷”存在感。当时，因为参加简书征文比赛获了奖，她领到了人生中最贵的一笔稿费 3000 元。初生牛犊不怕虎，在众多成员年收入早已破千万的 IP 营里，对于这笔稿费，她花式“炫富”了整整一周。

这种一点不害臊的疯狂自我营销，终于被 IP 大本营创始人秋叶大叔慧眼相中，于是她有幸参加了他们的饭局。后来她才知道，当时饭局上的任何一个人，都是 IP 圈里数一数二的牛人。

席间推杯换盏，邻三月（橙为创始人、《社群营销实战手册》作者）给大叔敬的不是酒，而是一碗又一碗饭，等到第四碗时，她万般感慨，原来创始人都吃不饱饭！

随后，秋叶大叔突然问她：“会写文案吗？”

她内心已经上演了一出大戏，到底接不接呢，能不能写好呢？

没料到，在她愣神儿时，秋叶大叔那极具特色的普通话幽幽地响起：“你看，就在你犹豫的 3 秒中，我推荐别人写了，你损失了 2000 元。”为了证明她真的失去了一次机会，秋叶大叔得意地把手机聊天记录在她眼前晃了晃！

什么？一顿饭的工夫损失了 2000 元！靠写作，当时的月收入只有 3000 元啊（就是那篇获奖文章的稿费）。她差点当场表演胸口碎大石，直接喷一口血。

回去之后她练就了一项神功，谁找她写文案，就算她在洗澡，一听见手机响，也会立马饿狼扑食一般小跑几步，双手上的水都没顾得擦，就狂笑一声，扑哧一下点击收款，一气呵成。动作之娴熟连她自己都被震惊到了，或许这就是大叔说的“杀手气质”。

接着，她成功挤进了秋叶写书私房课。秋叶大叔给她留下了一张手写卡片：韩老白，你一定要学会写具有疯狂销售力的文字。（不然，穷一辈子！这后半句她自己“脑补”的。）

她前半生已经穷够了！拿到了设计专业的硕士学位，月薪也不过 10000 元，而独自把她养育大的老妈一直蜗居在老家 50 平方米的小房子里，买衣服从来都不超过 100 元。

于是，她彻底抛弃了那个只知道埋头死磕自己的文艺女青年。

原生家庭不好又能怎样，她可以亲手斩断，但写文案真有那么开心吗？

相信很多同行都有这样的体会，文案创作是一项非常艰苦的工作，若没受过委屈，背过黑锅，吃过苦，挨过客户骂，被公司同事和领导质疑，绞尽脑汁依然不知从何处着手，请教别人没人搭理……根本就不算做过文案。

她过生日当天，全家正准备出门庆贺，突然接到了甲方着急要文案的电话。于是，她毅然决然地坐下来，任凭孩子怎么哭闹，一直改到晚上 8 点，吃饭只能靠外卖解决。她就这样度过了自己最难忘的 33 岁生日，甲方“金主”得知之后送了她一个超大的水果篮。

凌晨 1 点，甲方说看了她写的文案后有了新想法，想跟她切磋一下。唰唰唰，50 多条修改意见的语音发来了，她微笑着含泪接下，带着团队新晋文案工作者一丁和一月，一起撸起袖子干了起来，并快速进入心流状态，觉得此时此刻整个世界都是她的。从标题到课程大纲全部修改，而这个改了 14 版的文案帮助甲方成功招满了一期线下课。

为了一条“双十一”朋友圈文案，她们团队通过集体头脑风暴得出了 20 多版，甲方仍然不满意。当时，她刚刚上完赛美老师的理财课，晚上 11 点才到家。她快速把孩子哄睡后，在黑灯瞎火中用手机敲出了其人生中最用心的 800 字淘宝好评，虽然第二天甲方说效果不尽如人意，但是她尽力了，问心无愧。

有一次，在秋叶大叔的黄金人脉私房课上，她收到了 30 多张需求链接卡片，接到了 1000 篇文案需求的大单！和母婴早教界“大咖”、朋友圈裂变专家、流量巨头、电商大佬、世界 500 强企业、新媒体创业公司等诸多领域的头部（TOP）老师们达成了深度合作。

由于合作越来越多，为了稿费结算、纳税、开票，为了团队的发展，她这样一个对数学一窍不通的人竟然开了一家广告公司，明年她可能就要挪出她的家用办公小窝，去创业天地租赁办公室，实现从全职妈妈到创业者的完美转身。

这一年，因为文案，她简直是撕裂般成长。这个过程真的很痛，每天她都要思考到凌晨 1 点，头发都白了 3 根。每天等孩子睡后，她仍坚持看 3 本书、写 5000 字的文章。其间她也挣扎过、崩溃过，有时竟然躲在墙角号啕大哭，甚至一度想放弃。

然而，因为写文案，她与一个又一个的大人物进行了合作，帮助他们卖课、卖产品。看到他们喜笑颜开地招到无数的学生，坐在电脑前双眸闪光的她，比甲方还要激动；因为写文案，她才有了资格与这些大人物坐在一个桌上喝咖啡，还有幸接收到他们的感谢信和推荐。要知道，为了这条路，本来她要准备整整 18 年。因为写文案，她从一个默默无闻的文案创作者成长为年收入百万的新媒体文案培训师，而被她的团队包装过的那些普通人，也因为一段全新的个人品牌文案，从此之后，人生剧本被重新改写。